édition réduite

Pierre et Hugo

Yoko Ogasawara

HAKUSUISHA

―― 音声ダウンロード ――

  この教科書の音源は白水社ホームページ（www.hakusuisha.co.jp/download/）からダウンロードすることができます（お問い合わせ先：text@hakusuisha.co.jp）。

―― 付属 DVD ――

付属 DVD と同じ内容をオンライン上で見ることができます（www.youtube.com/user/hakusuishapublishing/playlists）。

装丁・本文デザイン	森デザイン室
イラスト	小笠原 ふみ
DVD 撮影・編集	Xavier L'HOMME　中録新社
CDナレーション	Léna GIUNTA　Sylvain DETEY　Chris BELOUAD

はじめに

ピエールとユゴーはパリに住む中学3年生。ヴァカンスを利用してユゴーの叔母さんが住む南フランスの村に行き、さまざまな人に出会います。

本書は、なるべく楽しくフランス語を学ぶことを念頭において編まれたDVD付の教科書です。下記の使いかたを参考にして、ぜひフランス語の世界に親しんでください。

DIALOGUE
DVDの映像を見て、ピエールやユゴーの会話をまねしながら一緒に南仏を旅しましょう。繰り返しが可能なポーズ入りヴァージョンもあります。

GRAMMAIRE
フランス語の文法にはクイズのようなおもしろさがあります。動詞の活用はDVDを使ってカラオケ式に覚えてしまいましょう。

EXERCICES
「書く」ことで、学んだ文法事項を確認していきます。最後はイラストを見ながら、書きとり問題をやってみましょう。

PRONONCIATION
左欄はおもにその課で学ぶ単語、右欄はおもに日本に入ってきているフランス語をDVDで紹介しています。綴り字と発音の規則を覚えましょう。

VOCABULAIRE
自分でつくる単語帳です。予習や復習におおいに活用してください。

CONVERSATION
その課で学んだ表現を使った会話練習です。DVDで、レナやアメリとも練習しましょう。

DVDの巻末には、CULTURE FRANÇAISEとして、フランス各地の風景や生活習慣など、さまざまな姿を収録しました。本書で学んだみなさんにとって、フランス語やフランスとの出会いが、将来の大切な宝物のひとつになることを願っています。

2018年秋　著者

Leçon	Dialogue	Grammaire	Conversation	Page
Introduction		1 アルファベ 2 発音記号と音 3 綴り字記号 4 綴り字の読みかた第一歩 5 あいさつ第一歩		6
1	Nous sommes amis ! ぼくたち、友だちなんだ！	1 主語人称代名詞 2 être の直説法現在 3 国籍・身分・職業を言う	自己紹介 お礼を言う ◆ 数詞 0-10、国民名 ◆ 身分・職業の名詞	8
2	Qu'est-ce que c'est ? これはなに？	1 不定冠詞 名詞の性と数 2 形容詞の性と数 3 「これは / それは〜です」の表現 4 avoir の直説法現在	「誰か」を聞く / 答える 「何か」を聞く / 答える ◆ 形容詞（1）	12
3	Je ne trouve pas les billets... 切符がない…	1 定冠詞 2 -er 動詞の直説法現在 3 否定文	好き・嫌いを聞く / 答える ◆ 言語	16
4	Ce train est direct ! この列車は直通だ！	1 指示形容詞 2 faire / descendre の 　　　　　直説法現在 3 疑問文	今日の日付を聞く / 答える 誕生日を聞く / 答える ◆ 形容詞（2） ◆ 数詞 11-40、12 ヶ月	20
5	Nous venons de Paris. パリから来ました。	1 aller / venir の直説法現在 2 前置詞と定冠詞の縮約 3 命令形	交通手段を聞く / 答える ◆ 国名	24
6	Quel âge avez-vous ? きみたち、何歳なの？	1 所有形容詞 2 強勢形人称代名詞 3 疑問形容詞	「どの〜」「どんな〜」を聞く / 答える ◆ 数詞（41-100）、色	28
7	J'ai soif, j'ai faim. のど、からから… 　　　　おなか、ぺこぺこ…	1 部分冠詞 2 -ir 動詞の直説法現在 3 vouloir の直説法現在	欲しいものを聞く / 答える	32

Leçon	Dialogue	Grammaire	Conversation	Page
8	Nous pouvons t'aider. お手伝いできます。	1 非人称構文 2 直接目的語の人称代名詞 3 pouvoir の直説法現在	時刻を聞く / 答える	36
9	Je vous la présente. ご案内いたします。	1 prendre の直説法現在 2 間接目的語の人称代名詞 3 代名動詞の直説法現在	値段を聞く / 答える	40
10	Je vais demander... 聞いてみましょう…	1 近接未来 2 近接過去 3 中性代名詞	料理を選ぶ	44
11	Je roule plus vite que toi ! きみより速いぞ！	1 比較級 2 最上級	比較する ◆ 序数詞	48
12	Vous avez bien travaillé. よく働いてくれたわね。	1 過去分詞 2 直説法複合過去（1）	過去のことを話す① ◆ 曜日	52
13	Je suis né... ぼくが生まれたのは…	1 直説法複合過去（2）	過去のことを話す② ◆数詞 200-10 000	56
14	J'entendais la mer. さっきから海の音が聞こえていたよ。	1 直説法半過去 2 複合過去と半過去	理由を聞く / 答える	60
15	Je reviendrai cet été. 夏にまた来るぞ。	1 直説法単純未来 2 単純未来と近接未来	未来のことを話す ◆ 四季	64
	綴り字と発音の規則			68
	疑問詞のまとめ ／ 国名・国民名・言語のまとめ			70
	品詞別文法事項索引			71
	CULTURE FRANÇAISE ／ 日本とフランス			72
	フランスの地図			73

INTRODUCTION

1 アルファベ　alphabet

A a	B b	C c	D d	E e	F f	G g
[ɑ]	[be]	[se]	[de]	[ə]	[ɛf]	[ʒe]
H h	I i	J j	K k	L l	M m	N n
[aʃ]	[i]	[ʒi]	[kɑ]	[ɛl]	[ɛm]	[ɛn]
O o	P p	Q q	R r	S s	T t	U u
[o]	[pe]	[ky]	[ɛr]	[ɛs]	[te]	[y]
V v	W w	X x	Y y	Z z		
[ve]	[dublǝve]	[iks]	[igrɛk]	[zɛd]		

2 発音記号と音

母音

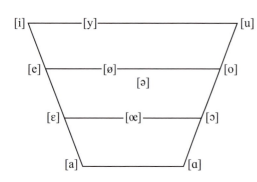

半母音

[j]　[ɥ]　[w]

鼻母音

[ɑ̃]　[ɛ̃]　[œ̃]　[ɔ̃]

子音

[p]　[f]　[t]　[s]　[ʃ]　[k]
[b]　[v]　[d]　[z]　[ʒ]　[g]
[m]　　　[n]　　　　　[ɲ]
　　　　　[l]　　　　　[r]

3　綴り字記号

アクサン・テギュ	´	v**é**t**é**ran
アクサン・グラーヴ	`	l**à**
アクサン・スィルコンフレクス	^	cr**ê**pe
トゥレマ	¨	No**ë**l
セディーユ	¸	gar**ç**on
アポストロフ（省略記号）	'	c'est
トゥレ・デュニオン（ハイフン）	-	**É**tats-Unis

4　綴り字の読みかた第一歩　DVD 🎧1-02

1）語末の子音字は原則として発音しません。

　　　例）chocola**t**　　Pari**s**　　gran**d**　　pri**x**

2）ただし、語末が c, f, l, r の場合は原則として発音します。

　　　例）ave**c**　　che**f**　　bo**l**　　pou**r**

3）語末の e は発音しません。

　　　例）text**e**　　class**e**　　adress**e**　　artist**e**

4）単母音字（ひとつの母音字）は、単純にひとつの音で発音します。

a　à　â	[a] [ɑ]	例）	**à la** c**a**rte　　**â**ge
i　î　y	[i]	例）	t**i**tre　　st**y**le
o　ô	[o] [ɔ]	例）	r**o**se　　p**o**tage
é　è　ê	[e] [ɛ]	例）	caf**é**　　cr**è**me　　cr**ê**pe

　　　　　　　　＊単母音字 u は Leçon 1、綴り字記号のつかない e は Leçon 4 にあります。

綴り字の読みかたについては、各課の PRONONCIATION で規則を覚えていきます。

なお、「綴り字と発音の規則」の一覧は p.68~69 にあります。

5　あいさつ第一歩　🎧1-03

Bonjour !	Bonsoir !	Salut !
Au revoir !	À bientôt !	À tout à l'heure !
Bon week-end !	Enchanté(e).	
Monsieur	Madame	Mademoiselle＊

　　　　　　　＊行政文書での使用は 2012 年に廃止となっていますが、会話では使われます。

LEÇON 1 — Nous sommes amis !

ぼくたち、友だちなんだ！

ピエールとユゴーはパリに住む中学生。大の仲良しです。

Pierre :	Bonjour, je m'appelle Pierre.
	Je suis français.
Hugo :	Salut ! Moi*, Hugo.
	Je suis français aussi.
Pierre et Hugo :	Nous sommes amis !

* moi ⇒ L6

💬 PRONONCIATION

u	[y]	salut	Hugo		début	flûte
ou	[u]	bonjour	nous		boutique	
au	[o]	aussi			sauce	
eau	[o]				château	
oi	[wa]	moi			croissant	boîte
ei	[ɛ]				Seine	
ai	[ɛ]	français			maison	

8

GRAMMAIRE

1 主語人称代名詞

	単数		複数	
1人称	je (j')	わたしは	nous	わたしたちは
2人称	tu	きみは	vous	きみたちは (tu の複数) あなたは (単数) あなたたちは (複数)
3人称	il	彼は / それは	ils	彼らは / それらは
	elle	彼女は / それは	elles	彼女らは / それらは

▶ 2人称の tu は親しい間柄（家族、友人など）で、vous は初対面の人、目上の人に対して使います。複数はともに vous です。

2 être の直説法現在

être ～である

je suis	nous sommes
tu es	vous êtes **
il est *	ils sont
elle est *	elles sont

＊アンシェヌマン
発音される語末の子音字を次の単語の語頭母音に連結して発音すること。
il est [il] [ɛ] → il est [ilɛ]
elle est [ɛl] [ɛ] → elle est [ɛlɛ]

＊＊リエゾン
発音されない語末の子音字を次の単語の語頭母音に連結して発音すること（語末子音字の音の変化 s → [z]）
vous êtes [vu] [ɛt] → [vuzɛt]
Nous sommes amis [nu] [sɔm] [ami] → [nusɔmzami]

3 国籍・身分・職業を言う

Il est étudiant.　　彼は学生です。　　Elle est étudiante.　　彼女は学生です。
Ils sont étudiants.　彼らは学生です。　Elles sont étudiantes.　彼女らは学生です。

▶ 〈女性形 = 男性形 + e〉が原則です。例外については p.10 参照。
▶ 〈複数形 = 単数形 + s〉が原則です。
　　ただし語末が s の語は単複同形です。例）Il est *français*. → Ils sont *français*.

VOCABULAIRE

Dialogue	
être	動
aussi	副
et	接
ami, *e*	名

je m'appelle...　私の名前は〜です

◆ 数詞 0-10　　　　　　　　　　　　🎧 1-08

0 zéro

1 un / une　　2 deux　　3 trois　　4 quatre　　5 cinq
6 six　　　　 7 sept　　 8 huit　　 9 neuf　　　10 dix

◆ 国民名　　🎧 1-09

男性形	→	女性形	
français	→	française	
japonais	→	japonaise	日本人
anglais	→	anglaise	イギリス人
allemand	→	allemande	ドイツ人
chinois	→	chinoise	中国人
itali*en*	→	itali*enne*	イタリア人
cor*éen*	→	cor*éenne*	韓国人

◆ 身分・職業の名詞　　🎧 1-10

男性形	→	女性形	
étudiant	→	étudiante	
ami	→	amie	
pâtiss*ier*	→	pâtiss*ière*	パティシエ
infirm*ier*	→	infirm*ière*	看護師
musici*en*	→	musici*enne*	音楽家
chant*eur*	→	chant*euse*	歌手
act*eur*	→	act*rice*	俳優

＊国民名は語頭大文字ですが、「〜人です」のときは語頭小文字（⇒ p.82）。

CONVERSATION

1 Taro と Momo の自己紹介です。例にならって自己紹介をしましょう。上記の国籍や職業を使って、架空の自己紹介もしてみましょう。　　🎧 1-11

1) Bonjour, je m'appelle Taro.
Je suis japonais.
Je suis étudiant.

2) Enchantée, je m'appelle Momo.
Je suis japonaise.
Je suis étudiante.

2 例にならって、お礼の表現を練習しましょう。　　🎧 1-12

Merci beaucoup, Monsieur.　　– ***Je vous en prie***.
Merci, Momo.　　– ***De rien. / Je t'en prie.***

3 DVD を見ながら、レナやアメリと練習しましょう。

1

EXERCICES ||||||||

1 動詞 être の活用形に合う主語人称代名詞を .... に書きましょう。　🎧1-13

例）..... *Je* ..... suis japonais.

1) .... suis japonaise.　　　2) .... es chinois ?

3) .... es chinoise.　　　　4) .... est français.

5) .... est française.　　　　6) .... sommes amis.

7) .... sommes amies.　　　8) .... êtes allemand ?

9) .... êtes allemande ?　　10) .... êtes allemands ?

11) .... sont anglais.　　　12) .... sont anglaises.

2 指示された主語に変えて全文を書きましょう。　🎧1-13'

例）Il est français.　　→ Elle　..... *est* .....　..... *française* .....　.

1) Il est italien.　　　→ Ils　.. .

2) Il est coréen.　　　→ Elle　... .

3) Je suis étudiante.　→ Nous　.. .

4) Il est pâtissier.　　→ Elle　... .

5) Ils sont chanteurs.　→ Elles　... .

6) Il est musicien.　　→ Elles　.. .

3 イラストを見ながら音声を聞いて、.......... にフランス語を書きとりましょう。アンシェヌマンに
注意しましょう。　🎧1-14

1)　　　　　　2)　　　　　　3)　　　　　　4)

1) .... français.

2) .... étudiante.

3) .... pâtissiers.

4) .... japonaises.

11

LEÇON 2

Qu'est-ce que c'est ?
これはなに？

待望のヴァカンス。ピエールとユゴーは、南フランスに住むユゴーの叔母さんのところまで列車旅行をすることにしました。荷物が多すぎるユゴー、ピエールにチェックされています。

DVD 🎧 1-15

Pierre : Qu'est-ce que c'est ?
Hugo : C'est une carte de la* France.
Pierre : Qu'est-ce que tu as encore ?
Hugo : J'ai un guide touristique, un cahier,
        une montre, une boîte de chocolats,
        des vêtements, des lunettes de soleil…

* la ⇒ L3

💬 PRONONCIATION

🎧 1-16   DVD

an, am	[ã]	France		pantalon		
en, em	[ã]	encore	vêtement	ensemble		
on, om	[ɔ̃]	bonjour	montre	salon	concours	
un, um	[œ̃]	un		lundi	parfum	
qu	[k]	qu'est-ce que		quatre	qui	question
gui	[gi]	guide				

12

GRAMMAIRE ||||||

1 不定冠詞　名詞の性と数　　　　🎧1-17

▶ 不定冠詞は数えられる名詞の前につけて、「ひとつの～」「数個の～」あるいは不特定の「ある～」を表わします。

▶ フランス語のすべての名詞は、男性名詞か女性名詞に分かれています。名詞の前につける冠詞も、男性名詞には男性用の冠詞、女性名詞には女性用の冠詞、複数名詞には複数を表わす冠詞をつけます。

	男性名詞		女性名詞	
単数	**un** cahier	**un** ami	**une** montre	**une** amie
複数	**des** cahier**s**	**des** amis	**des** montre**s**	**des** amie**s**

▶ 名詞の複数形は〈単数形＋s〉が原則ですが、語末が eau の名詞には x をつけます（例：un gâteau → des gâteaux）。語末が s, x の語は単複同形です（例：un mois → des mois）。これらの s, x は発音しません。

2 形容詞の性と数　　　　🎧1-18

▶ 形容詞は形容される名詞の性・数に合わせます。女性名詞には女性形、複数名詞には複数形の形容詞をつけます（形容詞の性・数一致）。

▶ 女性形は〈男性形＋e〉、複数形は〈単数形＋s〉が原則です。

▶ 形容詞の位置は「名詞のあと」が原則です。

	男性形	女性形
単数	un cahier **bleu**	une montre **bleue**
複数	des cahiers **bleus**	des montres **bleues**

▶ 語末が e の形容詞は、男女同形です。un cahier *rouge* → une montre *rouge*

▶ grand(e) など、一部の形容詞は名詞の前につけます（p.14 参照）。その場合、不定冠詞複数 des は de になります。un **grand** cahier → ~~des~~ **grands** cahiers
de

3 「これは / それは～です」の表現　　　　🎧1-19

C'est un ami.（単数）　　　　　*Ce sont* des amis.（複数）

4 avoir の直説法現在　　　　DVD 🎧1-20

avoir 持つ	
j'* ai	nous ‿avons
tu as	vous ‿avez
il a	ils ‿ont
elle a	elles ‿ont

＊エリズィオン
je, ce, le, la, que などのあとに語頭母音の語がくると、e, a を省略して省略符号アポストロフ（'）をつけること。
~~je~~ ai → **j'**ai　　　~~le~~ ami → **l'**ami　　　~~la~~ amie → **l'**amie
~~Que~~ est-ce que ~~ce~~ est ? → **Qu'**est-ce que **c'**est ?

13

VOCABULAIRE

Dialogue			montre	女		Exercices		
carte	女	地図 / カード	boîte	女		livre	男	
de...	前	〜の	chocolat	男		chat	男	
France	女		vêtements	男 複		maison	女	
avoir	動		lunettes	女 複		sœur	女	
encore	副		soleil	男		frère	男	
guide	男	ガイドブック	Grammaire			fleur	女	
touristique	形		gâteau	男		chien	男	
cahier	男		mois	男	（暦の）月			

◆ 形容詞（1）男性形 → 女性形　　＊名詞の前に置く形容詞　　🎧1-21

　　　bleu → ....　　　　　　　　grand → ....
　　　rouge → ....　　　　　　　petit → .... 小さい
　　　vert → .... 緑の　　　　　joli → .... きれいな
　　　noir → .... 黒い　　　　　beau, bel → belle 美しい
　　　rond → .... 丸い　　　　　bon → bonne 良い
　　　blanc → blanche 白い　　　　　　　mauvais → .... 悪い

CONVERSATION

1 下線部をイラストのもの・人物と入れ替えて練習しましょう。

(1) Taro : ***Qu'est-ce que c'est ? / C'est quoi ?***　　Momo : ***C'est un*** caribou.　🎧1-22

un caribou　　1) un smartphone　　2) un orangina　　3) des crayons　　4) une trousse

(2) Taro : ***Qui est-ce ? / C'est qui ?***　　Momo : C'est Paul, un ami.　🎧1-23

1) Marie,　　　2) Monsieur Dubois,　　3) Florence,　　4) Kenta,
　 une amie　　　 un professeur　　　　 une infirmière　　 un artiste

2 DVDを見ながら、レナやアメリと練習しましょう。　　DVD

EXERCICES ▌▌▌▌▌

1 （　　　　）に適切な不定冠詞を書き、その語句を複数にして .... に書きましょう。　🎧1-24

例）（ *un* ）livre vert　　→　　*des*　　*livres*　　*verts*

1)（　　　）chat noir　　→　...

2)（　　　）montre ronde　　→　...

3)（　　　）boîte blanche　　→　...

4)（　　　）petite maison　　→　...

5)（　　　）bon étudiant　　→　...

2 ［　　］で指示された主語と動詞 avoir の活用形を .... に書きましょう。エリズィオンに注意しましょう。　🎧1-24'

例）.....*Il*.....　.....*a*.....　une belle sœur.　［彼は］

1)　.................　.................　une grande maison !　［きみは］

2)　.................　.................　un frère et une sœur.　［わたしは］

3)　.................　.................　des amis français.　［わたしたちは］

4)　.................　.................　de bons amis.　［きみたちは］

5)　.................　.................　de jolies fleurs.　［彼女らは］

3 イラストを見ながら音声を聞いて、............. にフランス語を書きとりましょう。アンシェヌマンに注意しましょう。　🎧1-25

1)　　　　　　　2)　　　　　　　3)　　　　　　　4)

1)　.................　.................　chien blanc.

2)　.................　.................　fleur rouge.

3)　.................　.................　livres français.

4)　.................　.................　petits chats.

Je ne trouve pas les billets...

切符がない…

駅構内。ユゴーの列車のチケットが見当たりません。

Pierre : Qu'est-ce que tu cherches ?
Hugo : Oh là là ! Je ne trouve pas les billets de train.
Pierre : Je cherche ici, dans la poche.
Hugo : Voilà ! Ils sont dans le sac.

💬 PRONONCIATION

ch	[ʃ]	cherche	poche	chanson	chocolat
ill	[ij]	billet		fille	famille
ail	[aj]			travail	
eil	[ɛj]			soleil	
ain aim	[ɛ̃]	train		pain	faim
in im yn ym	[ɛ̃]			simple	symbole

GRAMMAIRE

1 定冠詞 🎧 1-28

	男性名詞		女性名詞	
単数	**le** sac	**l'** appartement	**la** poche	**l'** adresse
		l' homme*		**l'** histoire*
複数	**les** sacs	**les** appartements	**les** poches	**les** adresses
		les hommes		**les** histoires

＊h は常に発音されず、母音として扱う「無音の h」がほとんどです。子音扱いする語もわずかにあり、「有音の h」といいます。

▶ 定冠詞は、① 名詞を特定・限定する場合 ② 分野を総称する場合につける冠詞です。

① C'est un sac. C'est *le* sac de Taro.

② J'aime *la* musique.　　J'aime *les* chats.

▶ 語頭が母音あるいは「無音の h」の名詞の前では、男性単数形 le、女性単数形 la はエリズィオンして l' になります。

2 -er 動詞の直説法現在 DVD 🎧 1-29 🎧 1-30

▶ 不定詞（動詞の原形）の語末が -er の動詞を「-er 動詞」あるいは「第 1 群規則動詞」といいます。主語の人称によって、つぎのように活用します。

	cherch**er** 探す			aim**er** 愛する	
je	cherch**e**	nous cherch**ons**	j'	aim**e**	nous aim**ons**
tu	cherch**es**	vous cherch**ez**	tu	aim**es**	vous aim**ez**
il	cherch**e**	ils cherch**ent**	il	aim**e**	ils aim**ent**
elle	cherch**e**	elles cherch**ent**	elle	aim**e**	elles aim**ent**

▶ aimer のように語頭が母音、あるいは habiter（住む）のように語頭が「無音の h」の動詞では、エリズィオン、アンシェヌマン、リエゾンに気をつけましょう。

3 否定文 🎧 1-31

▶ 動詞を **ne**（**n'**）と **pas** ではさむと否定文になります。

Je suis français.　→　Je *ne* suis *pas* français.

J'aime le sport.　→　Je *n'*aime *pas* le sport.

▶ 否定文では、直接目的語「〜を」につく不定冠詞 un, une, des は **de**（**d'**）になります。

Tu as des frères ?　　　→　Non, je *n'*ai *pas de* frères.

Tu as des amis français ?　→　Non, je *n'*ai *pas d'*amis français.

VOCABULAIRE

Dialogue		Grammaire		Exercices		
chercher	動	appartement	男	là	副	
trouver	動	homme	男	difficile	形	
billet	男	adresse	女	danser	動	
train	男	histoire	女	très	副	
ici	副	aimer	動	bien	副	
dans	前	musique	女	parler	動	
poche	女	habiter	動	chanter	動	
sac	男	sport	男	à	前	〜へ／〜に
				écouter	動	
				radio	女	
				étudier	動	

Oh là là ! やれやれ（困ったな） Voilà ! ほら、あった！
voici... ここに〜がある／いる voilà... あそこに〜がある／いる

◆ 言語 🎧 1-32

| 〜語 | le français | le japonais | l'anglais | l'allemand | l'espagnol |
| 〜語で | en français | en japonais | en anglais | en allemand | en espagnol |

CONVERSATION

1 下線部を入れ替えて、好きなもの、嫌いなものを聞いてみましょう。 🎧 1-33

Taro　： Tu aimes le chocolat ?
Momo ： **Oui**, j'adore ça. / **Non**, pas trop.
Taro　： Tu n'aimes pas le chocolat ?
Momo ： **Si**, j'aime beaucoup ça. / **Non**, je n'aime pas ça.

程度
♥♥　J'adore.
♥　　J'aime beaucoup.
×　　Pas trop.
××　Je n'aime pas.

1) les macarons　　2) les croissants　　3) le lait　　4) la musique

2 DVDを見ながら、レナやアメリと練習しましょう。

3

EXERCICES ||||||||

1 .... に定冠詞を書きましょう。エリズィオンに注意しましょう。　　🎧1-34

例) Voici un cahier. C'est ...... *le* ...... cahier de Taro.

1) Voici une montre. C'est .... montre de Momo.

2) Voilà des chiens. Ce sont .... chiens de Miki.

3) Ici, ...appartement de Paul, et là, ... maison de Marie.

4) .... français est difficile ?

2 [　　]の動詞を主語に合わせて活用させ、............... に書きましょう。　　🎧1-34'

例) Tu .... *danses* .... très bien !　　　　　[danser]

1) Marie .... bien le japonais !　　[parler]

2) Nous .... le sport.　　[aimer]

3) Vous .... en français ?　　[chanter]

4) Ils .... à Paris.　　[habiter]

3 肯定文を否定文にしましょう。エリズィオンに注意しましょう。　　🎧1-34'

例) Je parle français.　　　→　　*Je ne parle pas français.*

1) Il danse très bien.　　　→　　...............

2) Elle est là ?　　　　　　→　　...............

3) J'ai une sœur.　　　　　→　　...............

4) C'est le sac de Momo.　→　　...............

4 イラストを見ながら音声を聞いて、............... にフランス語を書きとりましょう。[　　]の動詞を参考にして、リエゾン、エリズィオンにも注意しましょう。　　🎧1-35

1) 　　　　　2) 　　　　　3) 　　　　　4)

1) .... bien en japonais. [chanter]

2) .... le sport. [aimer]

3) .... écoutons .... radio.

4) .... étudient .... anglais.

19

Ce train est direct !

この列車は直通だ！

家族との車旅行に慣れているピエールとユゴー、2人だけの列車旅行ではハプニング続き。直通に乗ってしまったようです。

Pierre : Ce train est direct !
Hugo : On fait comment ?
Pierre : Nous descendons au* terminus.
Hugo : D'accord, tu as raison, on n'a pas le choix.

* au ⇒ L5

💬 PRONONCIATION

e の発音

語末の e	[発音しない]	carte montre	Seine potage	
音節末の e	[発音しない]	vêtement [vɛt/mã]	promenade [prɔm/nɑd]	
1音節目末の e [ə]		le ce	je menu	
その他の e	[e][ɛ]	des les terminus	ces merci	

GRAMMAIRE

1 指示形容詞 🎧 1-38

▶ 名詞の前につけ、「この〜」「あの〜」と指示する形容詞です。

	男性		女性	
単数	**ce** train	**cet** avion* **cet** hôtel*	**cette** gare	**cette** étudiante
複数	**ces** billets	**ces** arbres **ces** hôtels	**ces** lunettes	**ces** étudiantes

＊語頭が母音あるいは「無音の h」の男性単数名詞の前では cet になります。

2 faire / descendre の直説法現在 DVD 🎧 1-39 🎧 1-40

faire 〜をする

je	fais	nous	faisons
tu	fais	vous	faites
il	fait	ils	font
elle	fait	elles	font

descendre 降りる

je	descends	nous	descendons
tu	descends	vous	descendez
il	descend	ils	descendent
elle	descend	elles	descendent

▶ descendre と同じパターンで活用する動詞に attendre (待つ)、entendre (聞こえる) などがあります。

▶ on は主語代名詞として nous の代わりに日常会話でよく使われます。活用は、il, elle と同形です。

on *fait* = nous *faisons*　　on *descend* = nous *descendons*

3 疑問文 🎧 1-41

1) イントネーションで　　　　　　　　： Vous êtes français ? ↗

2) 文頭に Est-ce que (qu') をつけて：*Est-ce que* vous êtes français ?

　　　　　　　　　　　　　　　　　　　*Est-ce qu'*il est français?

3) 主語と動詞を倒置して＊　　　　　： ① Êtes-vous français ?

　　　　　　　　　　　　　　　　　　　② Parle-*t*-elle japonais ?

　　　　　　　　　　　　　　　　　　　③ *Marie* parle-*t-elle* japonais ?

＊倒置疑問文における注意

　① 動詞と主語の間にハイフンを挿入

　② 主語が il, elle で、動詞活用形の語尾が a か e の場合は動詞と主語の間に -t- を挿入

　③ 主語が名詞の場合、名詞を代名詞にして倒置

VOCABULAIRE

Dialogue			*Grammaire*			*Exercices*	
direct, e	形		avion	男		studio	男
on	代		gare	女		garçon	男
faire	動		hôtel	男		fille	女
comment	疑		arbre	男		brioche	女
descendre	動		attendre	動		vélo	男
terminus	男		entendre	動		voiture	女
choix	男					chambre	女
						enfant	名

d'accord　了解 / OK　　　　　avoir raison　正しい

faire des courses　買い物をする

◆ 形容詞 (2)　男性形 → 女性形　　　　　男性形 → 女性形　　　🎧 1-42

amour*eux* → amour*euse*　恋をしている　　neu*f* → neu*ve*　新しい
heur*eux* → heur*euse*　幸福な　　　　　acti*f* → acti*ve*　活動的な
délici*eux* → délici*euse*　とてもおいしい　sporti*f* → sporti*ve*　スポーツ好きの
séri*eux* → séri*euse*　まじめな

◆ 数詞 11- 40　　　🎧 1-43

11　onze　　　12　douze　　　13　treize　　　14　quatorze　　　15　quinze
16　seize　　　17　dix-sept　　18　dix-huit　　19　dix-neuf　　　20　vingt
21　vingt et un　　　　　　　22　vingt-deux　　　　　　　　　 30　trente
31　trente et un　　　　　　　32　trente-deux　　　　　　　　　40　quarante

◆ 12 ヶ月 (les douze mois de l'année)　　🎧 1-44

janvier　　février　　mars　　avril　　mai　　juin
juillet　　août　　septembre　　octobre　　novembre　　décembre

CONVERSATION

1 下線部を入れかえ、日付を聞いてみましょう。　　🎧 1-45

Momo : *On est le combien aujourd'hui ?*
Taro　: On est le 11. Le 11 janvier.

2 誕生日を聞いてみましょう。

Momo : *C'est quand ton anniversaire ?*
Taro　: C'est le 24 décembre. Et toi ?

1) 5

2) 30

3) 15

4) 23

🎧 1-46

3 DVDを見ながら、レナやアメリと練習しましょう。　　DVD

4

EXERCICES ||||||

1 .... に適切な指示形容詞を書きましょう。 🎧1-47

例）___Ce___ studio est petit.   ___Cette___ maison est petite.

1) .... garçon est amoureux.   .... fille est amoureuse.

2) .... croissants sont délicieux.   .... brioches sont délicieuses.

3) .... vélo est neuf.   .... voiture est neuve.

4) .... hôtel est grand.   .... chambre est grande.

2 [ ] の動詞を主語に合わせて活用させ、............ に書きましょう。 🎧1-47'

例）Qu'est-ce que vous ___faites___ ?   [faire]

1) Nous .... des courses.   [faire]

2) Terminus ! On .... !   [descendre]

3) Tu .... le train ?   [attendre]

4) Je n'................ pas bien.   [entendre]

3 指示された文を、① Est-ce que (qu') 疑問文 ② 主語と動詞の倒置疑問文にしましょう。 🎧1-47'

例）Vous avez des enfants ? → ① ___Est-ce que vous avez des enfants ?___

         → ② ___Avez-vous des enfants ?___

1) Elle chante bien ? → ① ....

         → ② ....

2) Paul habite à Paris ? → ① ....

         → ② ....

4 イラストを見ながら音声を聞いて、............ にフランス語を書きとりましょう。 CD1-48

1)   2)   3)   4)

1) .... étudiant est sérieux.

2) .... sac est joli.

3) .... fille .... heureuse.

4) .... garçons .... sportifs.

23

LEÇON 5 — Nous venons de Paris.

パリから来ました。

終点で降りたピエールとユゴー、目的地までヒッチハイクをすることにしました。

Conducteur	: Où allez-vous ?
Hugo	: Nous allons à Sarlat.
Conducteur	: C'est bon. Montez !
Pierre et Hugo	: Merci, Monsieur.
Conducteur	: D'où venez-vous ?
Pierre	: Nous venons de Paris.

PRONONCIATION

l と r の発音

allez	lit / riz	long / rond
Sarlat merci	père	gratin
Paris	restaurant	vétéran

GRAMMAIRE

1 aller / venir の直説法現在

aller 行く				venir 来る			
je	vais	nous	allons	je	viens	nous	venons
tu	vas	vous	allez	tu	viens	vous	venez
il	va	ils	vont	il	vient	ils	viennent
elle	va	elles	vont	elle	vient	elles	viennent

Où allez-vous ?　— Je *vais* à Paris.　　D'où venez-vous ?　— Je *viens* de Paris.

2 前置詞と定冠詞の縮約

1) 前置詞 à は、すぐあとに定冠詞 le, les がくると縮約します。la, l' は縮約しません。

Je vais ~~à le~~ musée.　　→ **au** musée.

　　　~~à les~~ Champs-Élysées.　→ **aux** Champs-Élysées.

　　　à la poste.

　　　à l'université.

~~à le~~	⇒	au
~~à les~~	⇒	aux
à la	⇒	à la
à l'	⇒	à l'

2) 前置詞 de は、すぐあとに定冠詞 le, les がくると縮約します。la, l' は縮約しません。

Je viens ~~de le~~ Japon.　　→ **du** Japon.

　　　　~~de les~~ États-Unis.　→ **des** États-Unis.

　　　　de la gare.

　　　　de l'hôpital.

~~de le~~	⇒	du
~~de les~~	⇒	des
de la	⇒	de la
de l'	⇒	de l'

3 命令形

tu, nous, vous の活用形から主語をとりのぞくと、それぞれの人称に対する命令形になります。

例）descendre :　~~Tu~~ descends.　　→ ***Descends !***

　　　　　　　　~~Nous~~ descendons.　→ ***Descendons !***

　　　　　　　　~~Vous~~ descendez.　→ ***Descendez !***

▶ 否定命令形：Ne ***descends*** pas !

▶ -er 動詞と aller の tu に対する命令形は、活用形の語尾 s をとります。

　　~~Tu~~ monte~~s~~. → ***Monte !***　　~~Tu~~ va~~s~~ vite. → ***Va vite !***

▶ être と avoir の命令形は例外です。

　être　：sois, soyons, soyez　→　***Sois*** sage !

　avoir　：aie, ayons, ayez　　→　N'***ayez*** pas peur !

VOCABULAIRE

Dialogue			Grammaire			Exercices		
conduc*teur*, *trice*	名		musée	男		marché	男	
où	疑		poste	女		cantine	女	食堂 / 売店
aller	動		université	女		taxi	男	
monter	動		hôpital	男		café	男	カフェ / コーヒー
d'où			vite	副		(auto)bus	男	
venir	動		sage	形		pied	男	
de...	前	〜から				bureau	男	
						métro	男	
						hésiter	動	
						ensemble	副	

C'est bon.　よろしい　　　　　　　avoir peur　怖がる
parler plus fort　もっと大きな声で話す

◆ 国名　　　　　　　　　　　　　　　　　　　　　　　　　　　　1-55

la France　　　l'Angleterre　　　l'Allemagne　　　l'Italie　　　l'Espagne
le Canada　　　le Japon　　　　la Corée　　　　la Chine　　　les États-Unis

CONVERSATION

1 下線部をイラストの語句と入れかえ、「どのようにして」「どこから」来るのかを練習しましょう。

1-56

Taro　：Comment viens-tu à la fac＊?　D'où viens-tu?　　＊ fac（faculté の略）：学部、大学
Momo：Je viens <u>en métro</u>, de <u>Kitamachi</u>.

1) en bus　　　　2) en voiture　　　　3) à vélo　　　　4) en train

5) à moto　　　　6) à pied

2 DVD を見ながら、レナやアメリと練習しましょう。　

5

EXERCICES |||||||

1 .... には動詞 aller の活用形を、（　　　）には〈前置詞 à + 定冠詞〉を書きましょう。 🎧1-57

例）Tu _____vas_____ (　　_au_　) marché ?

1) Je _____ (　　　　　) cantine.

2) Nous _____ (　　　　　) hôpital en taxi.

3) On _____ (　　　　　) café !

4) Est-ce que vous _____ (　　　　　　) Champs-Élysées ?

2 .... には動詞 venir の活用形を、（　　　）には〈前置詞 de + 定冠詞〉を書きましょう。 🎧1-57'

例）Je _____viens_____ (　_du_　) Canada.

1) Tu _____ (　　　　) gare en autobus ?

2) Nous _____ (　　　　) hôtel à pied.

3) Marie _____ (　　　　) bureau en voiture.

4) _____-vous (　　　　) Champs-Élysées en métro ?

3 命令形にしましょう。 🎧1-57'

例）Vous n'hésitez pas. → _____N'hésitez pas._____

1) Vous parlez plus fort. → _____

2) Tu écoutes bien. → _____

3) Tu fais vite. → _____

4) Nous parlons en français. → _____

4 イラストを見ながら音声を聞いて、........... にフランス語を書きとりましょう。[　　] の動詞も参考にしましょう。 🎧1-58

1)　　　　　　　2)　　　　　　　3)　　　　　　　4)

1) _____ vite !　［venir］

2) _____ ensemble !　［chanter］

3) _____ _____ la voiture !　［descendre］

4) _____ _____ la voiture !　［monter］

27

LEÇON 6

Quel âge avez-vous ?
きみたち、何歳なの？

乗せてくれた運転手さんとの会話が弾みます。ぼくたちと同じ年齢の娘さんがいるんだって！

Conducteur	: Vous êtes frères ?
Hugo	: Ah non, pas du tout.
Conducteur	: Quel âge avez-vous ?
Pierre	: Moi, j'ai quatorze ans et lui, quinze ans.
Conducteur	: Ah bon ! Ma fille a votre âge.

💬 PRONONCIATION

| u＋母音字 [ɥ＋母音] | | lui | huit | nuance | nuit | |
| eu œu | [ø][œ] | deux | neuf | bleu | fleur | sœur |

28

GRAMMAIRE

1 所有形容詞　🎧 1-61

▶所有を表わす形容詞です。あとに続く名詞の性・数に応じて、つぎのようになります。

	男性単数	女性単数	男女複数
わたしの	**mon** père	**ma** mère (**mon** amie*)	**mes** parents
きみの	**ton** père	**ta** mère (**ton** amie*)	**tes** parents
彼（彼女）の	**son** père	**sa** mère (**son** amie*)	**ses** parents
わたしたちの	**notre** père	**notre** mère	**nos** parents
あなた（たち）の	**votre** père	**votre** mère	**vos** parents
彼（彼女）らの	**leur** père	**leur** mère	**leurs** parents

* ma, ta, sa は、語頭が母音あるいは「無音の h」の前では mon, ton, son になります。
　× ~~ma~~ amie → ***mon*** amie

2 強勢形人称代名詞　🎧 1-62

主語	je	tu	il	elle	nous	vous	ils	elles
強勢形	**moi**	**toi**	**lui**	**elle**	**nous**	**vous**	**eux**	**elles**

▶つぎのような場合に用いられます。

1) 主語を強調、あるいは単独で。　***Moi***, j'ai dix-neuf* ans et ***toi*** ?　　*発音上の注意：neuf ans [nœvɑ̃]
2) c'est のあとで。　　　　　　　Allô, c'est ***moi***. — C'est ***toi***, Taro ?
3) 前置詞のあとで。　　　　　　　Elle va en** France avec ***lui***.　　　　** en ⇒ p.82
　　　　　　　　　　　　　　　　Cette montre est à ***moi***.***　　*** 〈être à ＋人〉：～のものだ

3 疑問形容詞　🎧 1-63

▶「どの～」「どんな～」とたずねるときの形容詞です。

	男性		女性	
単数	**quel** garçon	**quel** âge	**quelle** fille	**quelle** adresse
複数	**quels** projets	**quels** étudiants	**quelles** fleurs	**quelles** étudiantes

Quel âge avez-vous ?

Quelle fille aimes-tu ?

Quels sont vos projets ?

Quelles sont les conditions ?

VOCABULAIRE

Dialogue		
âge	男	年齢、年代
an	男	〜歳、〜年

Grammaire		
père	男	
mère	女	
parents	男	複
allô		もしもし

avec	前	
projet	男	
condition	女	

Exercices		
famille	女	
penser à...	動	〜について考える
toujours	副	
prénom	男	

numéro	男	
portable	男	
pointure	女	
préférer	動	
langue	女	
grand-père	男	
grand-mère	女	

pas du tout　いや、全然　　　Ah, bon !　あぁ、そう !　　　carte d'étudiant　学生証
avoir ＋数詞＋ an(s)　〜歳である　　　　　　　　　　　　　　　　　　　*cf.* carte de la France（⇒ L2）

◆ 数詞 41-100

41　quarante et un　　　　42　quarante-deux　　　　50　cinquante
51　cinquante et un　　　 52　cinquante-deux　　　　60　soixante
61　soixante et un　　　　62　soixante-deux　　　　 70　soixante-dix
71　soixante et onze　　　72　soixante-douze　　　　80　quatre-vingts
81　quatre-vingt-un　　　 82　quatre-vingt-deux　　 90　quatre-vingt-dix
91　quatre-vingt-onze　　 92　quatre-vingt-douze　 100　cent

CONVERSATION

1　下線部をイラストの色に入れ替えて練習しましょう。

Momo : Tu préfères quelle couleur ?

Taro 　: Je préfère le vert.

　le vert　　le jaune　　le rouge　　le noir　　le marron　　l'orange　　le bleu　　le blanc

2　DVDを見ながら、レナやアメリと練習しましょう。

6

EXERCICES

1 主語と同じ人称の所有形容詞を .... に書きましょう。　🎧1-66

例）J'habite avec ___mes___ parents.

1）Tu cherches .... frère ? — Oui, je cherche .... frère.

2）Elle aime beaucoup .... famille.

3）Nous aimons .... maison et .... chiens.

4）Vous avez .... carte d'étudiant ?

2 適切な強勢形人称代名詞を .... に書きましょう。　🎧1-66'

例）C'est ton sac ? → Ce sac est à ___toi___ ?

1）C'est ma maison. → Cette maison est à ....

2）Tu viens avec moi ? — Oui, je viens avec ....

3）Tu penses à Paul ? — Oui, je pense toujours à ....

4）............... , j'habite au Japon et .... , il habite en France.

3 適切な疑問形容詞を .... に書きましょう。　🎧1-66'

例）___Quel___ est votre prénom ?

1）............... est ton numéro de portable ?

2）............... est votre pointure ?

3）............... chanteurs préfères-tu ?

4）............... langues parlez-vous ?

4 イラストを見ながら音声を聞いて、............ にはフランス語、（　　）には数字を書きとりましょう。　🎧1-67

1）　　　　　　2）　　　　　　3）😊　　　　　　4）

1）............ .... de Marie, il a （　　　）ans.

2）............ .... de Marie, elle a （　　　）ans.

3）............ .... de Marie, il .... （　　　）ans.

4）............ .... de Marie, elle .... （　　　）ans.

31

LEÇON 7

J'ai soif, j'ai faim.

のど、からから…　おなか、ぺこぺこ…

やっと、ユゴーの叔母さんの家に到着しました。ホテルレストランを経営しているしゃきしゃき叔母さんです。

Tante　:　Posez vos sacs ici.
　　　　　Voulez-vous quelque chose ?
Pierre　:　Oui, j'ai soif.
　　　　　 Je veux bien du jus d'orange, s'il vous plaît.
Hugo　:　Moi, j'ai faim.
　　　　　Je choisis de la mousse au chocolat, s'il te plaît.

🗨 PRONONCIATION

| g + e, i, y [ʒ] | orange | garage | magique |
| g + a, o, u [g] | | garage | gomme | légumes |

1 部分冠詞

▶ 部分冠詞はつぎのような数えられない名詞につけて、「いくらかある量」を表わします。
① 液体、気体、定形のない固体名詞　② 抽象名詞　③ スポーツや楽器の名詞（動詞 faire とともに）

	男性名詞		女性名詞	
①	**du** jus	**de l'** argent*	**de la** mousse	**de l'** eau*
②	**du** courage		**de la** chance	
③	**du** piano		**de la** natation	

＊語頭が母音または「無音の h」の名詞につく部分冠詞は de l' となります。

① Je bois *du* jus d'orange.（bois ＜ boire）
② J'ai *de la* chance.
③ Je fais *du* piano.

▶ 直接目的語の部分冠詞は、否定文では de（d'）になります。
　　Je *ne* bois *pas de* jus de tomate.　　Je *n'*ai *pas d'*argent.

2 -ir 動詞（第 2 群規則動詞）の直説法現在

▶ 不定詞の語末 -ir がつぎのように変化する動詞を「-ir 動詞」あるいは「第 2 群規則動詞」といいます。

choisir　選ぶ

je	chois**is**	nous	chois**issons**
tu	chois**is**	vous	chois**issez**
il	chois**it**	ils	chois**issent**
elle	chois**it**	elles	chois**issent**

▶ 同じ活用パターンの動詞
　finir　終える / 終わる
　réfléchir　よく考える
　grandir　大きくなる

3 vouloir の直説法現在

vouloir　望む / 〜したい

je	veux	nous	voulons
tu	veux	vous	voulez
il	veut	ils	veulent
elle	veut	elles	veulent

▶〈vouloir ＋ 名詞〉で「〜が欲しい」、〈vouloir ＋ 不定詞〉で「〜したい」という表現になります。
　　Il *veut* du café.　　Il *veut* venir au Japon.　　*Voulez*-vous boire quelque chose ?

▶〈Je veux bien..., s'il vous plaît. / s'il te plaît.〉で、丁寧な依頼表現になります。
　　Je *veux bien* du jus d'orange, *s'il vous plaît*.

VOCABULAIRE

Dialogue		
tante	女	
poser	動	
vouloir	動	
quelque chose	代	
jus	男	
orange	女	
choisir	動	
mousse	女	

Grammaire		
argent	男	
eau	女	
courage	男	
chance	女	
piano	男	
natation	女	
boire	動	飲む
tomate	女	
finir	動	
réfléchir	動	
grandir	動	

Exercices		
vin	男	
fromage	男	
manger	動	
poisson	男	
mais	接	しかし
viande	女	
tennis	男	
flûte	女	
ruban	男	リボン
études	女 複	学業

avoir soif　のどが渇く　　avoir chaud　暑い　　finir ses études　卒業する
avoir faim　お腹がすく　　avoir froid　寒い　　d'abord　まず

CONVERSATION

1 下線部をイラストの飲み物に入れ替えて練習しましょう。　　1-73

　　Momo : Tu veux boire quelque chose ?
　　Taro　 : Je veux bien du café, s'il te plait.

1) de l'eau minérale　　2) du thé glacé　　3) du jus d'orange　　4) de la bière

2 DVDを見ながら、レナやアメリと練習しましょう。

7

EXERCICES ||||||||

1 適切な部分冠詞を .... に書きましょう。　🎧1-74

例）Tu as _de_ _l'_argent ? Moi, je n'ai pas _d'_argent.

1）J'aime boire .... vin avec .... fromage.

2）Elle mange .... poisson, mais elle ne mange pas .... viande.

3）Tu as .... chance, mais tu n'as pas .... courage.

4）Il fait .... tennis et .... flûte.

2 ［　］の動詞を活用させて .... に書きましょう。　🎧1-74'

例）Je _choisis_ du vin rouge.　　［choisir］

1）Vous .... la couleur du ruban ?　　［choisir］

2）Il .... ses études à quel âge ?　　［finir］

3）Nous .... d'abord !　　［réfléchir］

4）Les enfants .... vite !　　［grandir］

3 動詞 vouloir を活用させて .... に書きましょう。　🎧1-74'

例）Tu _veux_ de l'eau ? — Je _veux_ bien.

1）Tu viens avec moi ? — Je .... bien.

2）Nous .... du vin rouge, et ils .... du vin blanc.

3）Tu .... aller en France, mais lui, il ne .... pas.

4）............... -vous parler en anglais ?

4 イラストを見ながら音声を聞いて、............ にフランス語を書きとりましょう。　🎧1-75

1）　　　　2）　　　　3）　　　　4）

1）J'ai ...., s'il te plaît.

2）J'ai .... Je veux .... quelque chose.

3）J'ai ....

4）............... .... au lait, s'il te plaît.

35

LEÇON 8

Nous pouvons t'aider.
お手伝いできます。

午後4時、お茶の時間。くつろぎにやって来るお客の応対に叔母さんは大忙し……
お手伝いを申し出ます。

Tante : Il est déjà quinze heures trente !
À partir de seize heures, je suis souvent débordée.
Pierre : Travaillons avec elle.
Hugo : Oui, on peut l'aider…
Si tu veux, nous pouvons t'aider…
Tante : Ah, c'est gentil !

PRONONCIATION

h [発音しない]	heure huit	hôtel
	thé	cathédrale
ph [f]		photo symphonie

GRAMMAIRE

1 非人称構文

▶ 主語の il が「彼は」「それは」などの意味を持たず、形式的な主語となる構文を非人称構文と言い、次のような表現で用います。

1) 時刻　Quelle heure *est-il* ?　— *Il est* trois heures.
2) 天候　Quel temps *fait-il* ?　— *Il fait* beau [mauvais / chaud / froid].
　　　　Il pleut aujourd'hui.　（pleut ＜ pleuvoir）
　　　　Il neige demain.　（neige ＜ neiger）
3)「〜がある」　*Il y a* du vent [du soleil / des nuages].
　　　　Il y a encore du vin.　*Il n'y a* plus de vin.
4)「〜が必要である」　*Il faut* dix minutes pour aller à la gare.〈Il faut + 名詞〉(faut ＜ falloir)
　「〜しなければならない」　*Il faut* partir tout de suite.〈Il faut + 不定詞〉

2 直接目的語の人称代名詞

主語人称代名詞	je	tu	il	elle	nous	vous	ils	elles
直接目的語の人称代名詞	**me (m')**	**te (t')**	**le (l')**	**la (l')**	**nous**	**vous**	**les**	

▶ 目的語の人称代名詞は動詞の前に置きます。3人称の le, la, les は、「人」「もの」の区別はありません。男性名詞か女性名詞かで使い分けます。

　Je cherche ma montre.　→ Je *la* cherche.（それを）
　Je cherche ma sœur.　→ Je *la* cherche.（彼女を）

▶ 肯定命令ではハイフンとともに動詞のあとに置きます。me, te は moi, toi になります。

　Tu cherches ta montre.　肯定命令 → Cherche ta montre ! → Cherche-*la* !
　Vous m'excusez.　肯定命令 → Excusez-*moi* !

3 pouvoir の直説法現在

pouvoir	〜できる		
je	peux	nous	pouvons
tu	peux	vous	pouvez
il	peut	ils	peuvent
elle	peut	elles	peuvent

Je *peux* sortir aujourd'hui.［可能］
Je *peux* entrer ? / *Puis-je*＊ entrer ?［許可］　　＊ je peux の倒置形は peux-je ではなく *puis-je*
Tu *peux* aider ta maman ?［依頼］

VOCABULAIRE

Dialogue		
déjà	副	
heure	女	～時 / 時間
souvent	副	
débordé, e	形	とても忙しい
travailler	動	
pouvoir	動	
aider	動	
gentil, le	形	
Grammaire		
temps	男	天気
pleuvoir	動	雨が降る

aujourd'hui	副	
neiger	動	雪が降る
demain	副	
vent	男	
nuage	男	
minute	女	
pour	前	
partir	動	
excuser	動	
sortir	動	
entrer	動	
maman	女	

Exercices		
combien de (d')...		いくらの～
film	男	
travail	男	
avant	前	～までに / 前に
bientôt	副	
clef	女	
depuis	前	～からずっと
matin	男	
rentrer	動	
après	前	
dehors	副	戸外で

à partir de... ～から
tout de suite ただちに

si tu veux,... もしよかったら

ne... plus もう～ない

CONVERSATION

1 時刻の表現を練習しましょう。

Il est une heure.
Il est deux heures dix.
Il est deux heures *et quart* [*quinze*].
Il est deux heures *et demie* [*trente*].
Il est neuf* heures *moins* dix.   *発音上の注意：[nœvœr]
Il est neuf* heures *moins le quart*.
Il est midi.   Il est minuit.

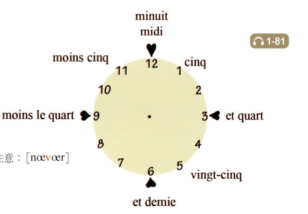

2 下線部をイラストの時刻に入れ替えて練習しましょう。DVDを見ながら、レナやアメリとも練習しましょう。

Taro　：*Tu as l'heure ? / Quelle heure est-il ?*
Momo　：Il est <u>huit heures</u>.

1) quatre heures   2) huit heures et demie   3) neuf heures vingt   4) dix heures et quart

8

EXERCICES ||||||||

1 応答文を完成しましょう。　　　　　　　　　　　　　　🎧1-83

例）Quelle heure est-il ?　　　　— ...*Il*... ...*est*... deux heures.

1）Il faut combien d'heures ?　　— .... deux heures.

2）Quel temps fait-il ?　　　　　— .... beau.

3）Comment est-il ?　　　　　　— .... beau et gentil.

4）Qu'est-ce qu'il fait ?　　　　 — .... du piano.

2 下線部の目的語を人称代名詞に代えて、応答文を完成しましょう。　　🎧1-83'

例）Tu aides <u>ta mère</u> ?　　　　　　　 — Oui, je ...*l'aide*... souvent.

1）Il aime <u>les films de Hayao Miyazaki</u> ?　— Oui, il .... beaucoup.

2）Vous finissez <u>ce travail</u> avant midi ?　 — Oui, nous .... bientôt.

3）Tu cherches <u>la clef</u> depuis ce matin ?　 — Oui, je .... toujours.

4）Tu ne <u>m'</u>aimes pas ?　　　　　　　— Si, je ....

3 動詞 pouvoir を活用させて .... に書きましょう。　　🎧1-83'

例）Je ne ...*peux*... pas sortir aujourd'hui.

1）Tu .... sortir, mais il faut rentrer avant minuit.

2）Elle .... partir avec nous ?

3）Nous .... vous aider.

4）..................... - vous venir après seize heures ?

4 イラストを見ながら音声を聞いて、............ にフランス語を書きとりましょう。　🎧1-84

1）　　　　　　2）　　　　　　3）　　　　　　4）

1）............. .... depuis ce matin.

2）............. .... du vent dehors.

3）............. .... aujourd'hui.

4）............. .... beaucoup.

39

Je vous la présente.

ご案内いたします。

ユゴーはお客さんに部屋を見せます。この客、なんだかミステリアス……

Tante : Peux-tu montrer la chambre numéro 5 à Monsieur ?
Hugo : Je vous la présente.
　　　　Voici la douche… ici les toilettes.
　　　　Cette chambre à 65 euros a vue sur la place.
Client : Ça me plaît beaucoup. Je la prends.

💬 PRONONCIATION

c + a, o, u [k]	carte	beaucoup		café	comme	cuisine
c + e, i, y [s]	cette	place	voici	cinq	ceci	cinéma	cycle
語末の c / c ＋子音字 [k]	sac	avec		croissant	cycle	
ç + a, o, u [s]				ça	garçon	

40

1 prendre の直説法現在

prendre とる

je prends	nous prenons
tu prends	vous prenez
il prend	ils prennent
elle prend	elles prennent

＊同じ活用パターンの動詞
comprendre　理解する
apprendre　習う

▶英語の take に相当する多義な動詞（食べる / 乗る / 買う / 決めるなど）です。

2 間接目的語の人称代名詞　🎧1-88

主語人称代名詞	je	tu	il	elle	nous	vous	ils	elles
直接目的語の人称代名詞	me (m')	te (t')	le (l')	la (l')	nous	vous	les	
間接目的語の人称代名詞	**me (m')**	**te (t')**	**lui**		**nous**	**vous**	**leur**	

　Je montre la chambre à Monsieur.　私は その部屋を（直接目的語）お客さんに（間接目的語）見せる。

　→ Je *lui* montre la chambre .　　→ 私は その部屋を 彼に 見せる。

▶〈à + 人〉が間接目的語です。目的語の人称代名詞は動詞の前に置きます。肯定命令の場合のみ動詞のあとに置きます（⇒ L8）。

　Tu *lui* téléphones samedi soir.　　肯定命令　→　Téléphone-*lui* samedi soir.
　Tu *me* téléphones dimanche matin.　肯定命令　→　Téléphone-*moi* dimanche matin.

3 代名動詞の直説法現在　DVD

▶主語と同じ人やものを指す目的語代名詞（＝再帰代名詞）をともなう動詞を代名動詞といいます。

例）他動詞 coucher（他人を寝かせる）　　代名動詞 se coucher（寝る←自分を寝かせる）　🎧1-89　🎧1-90

se coucher 寝る

je	me	couche	nous	nous	couchons
tu	te	couches	vous	vous	couchez
il	se	couche	ils	se	couchent
elle	se	couche	elles	se	couchent

se lever 起きる

je	me	lève	nous	nous	levons
tu	te	lèves	vous	vous	levez
il	se	lève	ils	se	lèvent
elle	se	lève	elles	se	lèvent

🎧1-91

▶用法　［再帰的］自分を〜する / 自分に〜する　　: Je *m'appelle* Momo.　　*cf.* Je l'appelle 'Sakura'.
　　　　［相互的］互いに〜する（主語は常に複数）　: Paul et Marie *s'aiment*.
　　　　［受動的］〜される（主語は常に事物）　　　: Le français *se parle* aussi au Canada.
　　　　［本質的］代名動詞としてしか使わないもの : Je *me souviens de* toi.

VOCABULAIRE

Dialogue			Grammaire			Exercices		
montrer	動		comprendre	動		petit déjeuner	男	
présenter	動		apprendre	動		juste	副	
douche	女		téléphoner	動		donner	動	
toilettes	女 複		samedi	男		répondre	動	
euro	男		soir	男		photo	女	
place	女		dimanche	男		se réveiller	動	
client, e	名		se coucher	動		tôt	副	
ça	代	これ / それ / あれ	se lever	動		d'habitude		いつもは
plaire à...	動	～の気に入る	s'appeler	動				
prendre	動		se souvenir de...	動				

avoir vue sur... 　～に面している
tous les matins　毎朝　　　　tous les jours　　毎日

CONVERSATION

1 下線部をイラストの商品と価格に入れ替えて練習しましょう。数詞はp.30で復習しましょう。

Momo ： Ce sac, *ca me plaît* beaucoup. *C'est combien* ?　　　🎧 1-92
Taro　 ： C'est 30 euros.
Momo ： C'est cher !
Taro　 ： Non, ce n'est pas cher.

1) cette chemise　　2) ce pull-over　　3) ce pantalon　　4) ces chaussures
　　25€　　　　　　　　68€　　　　　　　55€　　　　　　　95€

2 DVDを見ながら練習しましょう。　　　　　　　　　　　　　　　　　　[DVD]

EXERCICES

1 [　]の動詞を活用させて _____ に書きましょう。　🎧1-93

例) Vous _____*prenez*_____ cette chambre ?　　　　　　　　[prendre]

1) Tu _____ le métro ? Moi, je _____ l'autobus.　[prendre]

2) Nous _____ le petit déjeuner à sept heures juste.　[prendre]

3) Il ne _____ pas le japonais.　　　　　　　　[comprendre]

4) Nous _____ le français depuis deux ans.　　　[apprendre]

2 下線部の目的語を人称代名詞にして _____ に書きましょう。　🎧1-93'

例) Tu donnes ces fleurs <u>à Marie</u> ?　　　— Oui, je les _____*lui*_____ donne.

1) Tu téléphones souvent <u>à tes parents</u> ?　— Oui, je _____ téléphone souvent.

2) Ces fleurs, ça <u>te</u> plaît ?　　　　　　— Oui, ça _____ plaît beaucoup.

3) Réponds <u>à Paul</u> tout de suite.　　　→ Réponds-_____ tout de suite.

4) Tu <u>me</u> montres sa photo. [肯定命令に]　→ Montre-_____ sa photo.

3 [　]の動詞を活用させて _____ に書きましょう。　🎧1-93'

例) Tu _____*t'appelles*_____ comment ?　　　　　[s'appeler]

1) Je _____ _____ à sept heures.　　[se réveiller]

2) Tu _____ _____ tôt tous les matins ?　[se lever]

3) Ils _____ _____ tous les jours.　　[se téléphoner]

4) Vous _____ de moi ?　　　　　　[se souvenir]

4 イラストを見ながら音声を聞いて、フランス語を書きとりましょう。（　　）には数字が入ります。
[　]の動詞も参考にしましょう。　🎧1-94

1)　　　　　　2)　　　　　　3)　　　　　　4)

1) J'ai (　　) enfants. D'habitude, je _____ _____ à (　　) heures. [coucher]

2) Et moi, je _____ _____ à minuit. [se coucher]

3) Le matin, je _____ _____ à (　　) heures. [se lever]

4) Et à (　　) heures, je _____. [réveiller] .

Je vais demander...
聞いてみましょう…

カフェテラスは大にぎわい。
ピエールは、例のお客の注文をとっていますが、どうやらからかわれているようです…

Pierre	:	Je vous écoute.
Client	:	Avez-vous de la glace ?
Pierre	:	Nous venons d'en recevoir.
		Il y a de la glace au café, à la vanille, au chocolat, à la pistache, à la menthe...
Client	:	Et du sorbet au pamplemousse ?
Pierre	:	Je vais demander...

💬 PRONONCIATION

母音字＋s＋母音字 [z]	choisir	rose	désert	poison
母音字＋ss＋母音字 [s]	pamplemousse	dessert	poisson	
s＋子音字 / 語頭の s	pistache sorbet	question	sauce	Seine

44

GRAMMAIRE ||||||||

1　近接未来　　　　　　　　　　　　　　　　　　　　　　　　　　🎧 2-03

▶〈 **aller + 不定詞** 〉で、「～でしょう」「～しようとしている」を表わします (aller ⇒ L5)。

Le train arrive bientôt.　→　Le train *va arriver*.

Je te dis ça.　　　　　　→　Je *vais* te *dire* ça !（dis < dire）

　cf.〈 aller + 不定詞 〉～しに行く：Je *vais* te *chercher* à la gare.

2　近接過去　　　　　　　　　　　　　　　　　　　　　　　　　　🎧 2-04

▶〈 **venir de (d ') + 不定詞** 〉で、「～したばかりだ」を表わします (venir ⇒ L5)。

Le train part.　　　→　Le train *vient de partir*.

Je te dis ça.　　　　→　Je *viens de* te *dire* ça !

　cf.〈 venir + 不定詞 〉～しに来る：Maman, *viens* me *chercher* à la gare, s'il te plaît.

3　中性代名詞

いずれも動詞の前に置きます。

[en] 1)〈不定冠詞 / 部分冠詞 / 数量表現 + 名詞〉に代わります。伝えたい数・量は動詞のあとに置
　　　きます。　　　　　　　　　　　　　　　　　　　　　　　　　　🎧 2-05

　　　Avez-vous de la glace ?　— Oui, nous avons de la glace. → Oui, nous *en* avons.

　　　Tu as des frères ?　　　　　— Oui, j'*en* ai un.

　　　　　　　　　　　　　　　　　— Non, je n'*en* ai pas.

　　2)〈前置詞 de + 場所 / 事物の名詞〉に代わります。

　　　Tu viens de France ?　— Oui, j'*en* viens.

　　　Tu parles de ce film ?　— Oui, j'*en* parle.

[y] 1)〈場所の前置詞 + 名詞〉に代わり、「そこへ」「そこで」の意味で使います。　🎧 2-06

　　　Tu vas en France ?　— Oui, j'*y* vais. / Je vais *y* aller cet été.

　　2)〈前置詞 à + 事物の名詞〉に代わります。

　　　Tu réponds à cet e-mail ?　— Oui, j'*y* réponds.

[le] 形容詞、不定詞、節、文などに代わり、「そのこと」の意味で使います。　🎧 2-07

　　　Tu es heureuse avec lui ?　— Oui, je *le* suis.

　　　Tu peux partir à huit heures demain matin ?　— Oui, je *le* peux.

　　　Il aime Marie.　Je *le* sais.（sais < savoir ）

45

VOCABULAIRE

Dialogue			Grammaire			attention	女	
glace	女		arriver	動		acheter	動	
recevoir	動	受取る / 招く	dire	動		examen	男	
vanille	女		été	男		devant...	前	〜の前に
pistache	女		e-mail	男		pommier	男	
menthe	女		savoir	動	知っている	derrière...	前	〜の後ろに
sorbet	男		Exercices			pomme	女	
pamplemousse	男		se dépêcher	動	急ぐ	sur...	前	〜の上に
demander	動		tomber	動	転ぶ	sous...	前	〜の下に

CONVERSATION

1 下線部をメニューの料理に入れ替えて練習しましょう。　🎧 2-08

Taro　： *Qu'est-ce que tu vas prendre* comme entrée ?
Momo ： *Je vais prendre* une salade de tomates. *Et toi ?*
Taro　： Moi, *je vais prendre* une quiche lorraine.

2 DVDを見ながら、レナやアメリと練習しましょう。

46

EXERCICES ||||||||

1 近接未来の文に書き直しましょう。　🎧2-09

例）Il fait beau demain. → Il ___*va*___ ___*faire*___ beau demain.

1）Je vais en France cet été. → Je _____ _____ en France cet été.

2）J'ai dix-neuf ans. → Je _____ _____ dix-neuf ans.

3）Le train part. → Vite ! Dépêche-toi ! Le train _____ _____ .

4）Tu tombes. → Attention ! Tu _____ _____ .

2 近接過去の文に書き直しましょう。　🎧2-09'

例）Je reçois son e-mail. → Je ___*viens*___ ___*de*___ ___*recevoir*___ son e-mail.

1）Nous rentrons de France. → Nous _____ _____ _____ de France.

2）Elle a vingt ans. → Elle _____ _____ _____ vingt ans.

3）Ils achètent une maison. → Ils _____ _____ _____ une maison.

4）Le train part. → Le train _____ _____ _____ .

3 下線部を中性代名詞（en / y / le）に置き換えて答えましょう。　🎧2-09'

例）Combien <u>de sœurs</u> as-tu ? → J' ___*en*___ ___*ai*___ une.

1）Venez-vous <u>du Japon</u> ? → Oui, j' _____ _____ .

2）On va <u>au café</u> ? → Oui, on _____ _____ .

3）Vous pensez <u>à vos examens</u> ? → Oui, nous _____ _____ .

4）<u>Elle habite à Paris.</u> → Ah, oui ? Paul ne _____ sait pas.

4 イラストを見ながら音声を聞いて、_____ にフランス語を書きとりましょう。　🎧2-10

1）et 2）

3）et 4）

1）Y a-t-il des voitures devant la maison ? – Oui, il y _____ a _____ .

2）Y a-t-il des pommiers derrière la maison ? – Oui, il y _____ a _____ .

3）Combien de pommes y a-t-il sur le pommier ? – Il y _____ a _____ .

4）Combien de pommes y a-t-il sous le pommier ? – Il y _____ a _____ .

Je roule plus vite que toi !

きみより速いぞ！

ふたりは地図を片手にサイクリングを楽しみ、田舎を満喫しています。

Pierre : On est bien à la campagne !
Hugo : Ce château, là-bas, date du quinzième siècle.
　　　　 Il est aussi vieux que l'autre.
Pierre : C'est beau. On y va ?
Hugo : Je roule plus vite que toi.
Pierre : Tu plaisantes !

PRONONCIATION

gn [ɲ]	campagne	champagne	cognac	signal
ieu [jø]	vieux	mieux		
oin [wɛ̃]			moins	loin

48

GRAMMAIRE

1 比較級 🎧 2-13

| plus / aussi / moins | 形容詞 / 副詞 | que | ～ | ～より… (＋) （優等比較級）
～と同じく… (＝) （同等比較級）
～より…ない (－) （劣等比較級） |

▶ 形容詞は形容する名詞の性・数に一致します。

Paul est *plus* grand *que* Momo.

Momo est *moins* grand*e* *que* Paul.

Marie est *aussi* grand*e* *que* Taro.

Taro et Marie sont *plus* grand*s* *que* Momo.

▶ 副詞には性・数の一致はありません。

Marie voyage *plus* souvent *que* Paul.

▶ que 以下が代名詞のときは、強勢形人称代名詞（⇒ L6）を用います。

Paul est *plus* grand *que* toi.

▶ 特殊な優等比較級

形容詞：（よい / おいしい） bon(ne)(s) → ~~plus bon(ne)(s)~~ → meilleur(e)(s)

副詞　：（よく / 上手に） bien → ~~plus bien~~ → mieux

2 最上級 🎧 2-14

| le / la / les | ＋ | plus / moins | 形容詞 | (de ～) | (～のなかで) いちばん…だ (＋) （優等最上級）
(～のなかで) いちばん…でない (－) （劣等最上級） |

▶ 形容詞の最上級では、形容詞の性・数に応じて定冠詞 le, la, les を区別します。

Paul est *le plus* grand *de* nous quatre.

Momo est *la moins* grand*e* *de* nous quatre.

| le | ＋ | plus / moins | 副詞 | (de ～) |

▶ 副詞の最上級では、定冠詞は常に le です。

Marie voyage *le plus* souvent *de* nous quatre.

▶ 特殊な優等最上級

形容詞：（よい / おいしい） bon(ne)(s) → le meilleur / la meilleure / les meilleur(e)s

副詞　：（よく / 上手に） bien → le mieux

VOCABULAIRE

Dialogue			Grammaire					
campagne	女		voyager	動		d'entre	前	～の中で
château	男		meilleur, e	形		groupe	男	
là-bas	副	向こうに	mieux	副		classe	女	
dater de...	動	～にさかのぼる				restaurant	男	
siècle	男		Exercices			ville	女	
vieux, vieille	形	古い / 年老いた	église	女		escargot	男	
l'autre		もう一方のもの	âgé, e	形	年をとった	arrondissement	男	区
rouler	動		idée	女		s'élever	動	
plaisanter	動	冗談をいう	tard	副	遅く	se trouver	動	
			jeune	形		se situer	動	
						occuper	動	

On y va ?　行こうか？

◆ 序数詞

1er, ère	premier / première	2e	deuxième (second / seconde)				
3e	troisième	4e	quatrième	5e	cinquième	9e	neuvième
10e	dixième	11e	onzième	15e	quinzième	16e	seizième
17e	dix-septième	19e	dix-neuvième	20e	vingtième	21e	vingt et unième

CONVERSATION

1　下線部をイラストの表現に入れ替えて練習しましょう。

Taro　　：Je <u>roule plus vite</u> que toi !
Momo　：Tu plaisantes ! Je <u>roule plus vite</u> que toi !

1) être plus fort(e)　　2) être plus grand(e)　　3) chanter mieux　　4) marcher plus vite

2　DVD を見ながら、レナやアメリと練習しましょう。

EXERCICES ||||||||

1 [　]の形容詞や副詞を指示された比較級にして .... に書きましょう。　🎧2-17

例) Cette église est ___*aussi*___ ___*vieille*___ que l'autre. [= / vieux]

1) Marie est .... que Paul. [− / âgé]

2) Cette idée est .... que l'autre. [+ / bon]

3) Ma mère se lève .... que mon père. [+ / tard]

4) Parlez ...., s'il vous plaît ! [− / vite]

5) Elle chante .... que moi. [+ / bien]

2 [　]の形容詞や副詞を指示された最上級にして .... に書きましょう。　🎧2-17'

例) Il est ___*le*___ ___*plus*___ ___*jeune*___ d'entre nous. [+ / jeune]

1) Elle est .... de notre groupe. [− / âgé]

2) C'est .... étudiante de la classe. [+ / bon]

3) C'est .... restaurant de la ville. [+ / bon]

4) Qui chante .... d'entre vous ? [+ / bien]

5) Mon père se lève .... de ma famille. [+ / tôt]

3 イラストを見ながら音声を聞いて、 .... にフランス語を書きとりましょう。　🎧2-18

Je suis Paris.
On m'appelle Escargot.
J'ai 20 arrondissements.

1) La tour Eiffel .... dans le .... arrondissement. [s'élever]

2) L'opéra Garnier * .... dans le .... arrondissement. [se trouver]

3) Montmartre .... dans le .... arrondissement. [se situer]

4) Le Louvre ** et le jardin des Tuileries *** .... le ....

arrondissement. [occuper]

*パリ・オペラ座 (通称 l'Opéra)　**ルーヴル美術館　***チュイルリー庭園

LEÇON 12 Vous avez bien travaillé.

よく働いてくれたわね。

ピエールとユゴーの働きぶりに感心した叔母さんから、お小遣いをいただきました。

Tante   : Vous avez bien travaillé.
          Je vais vous offrir un petit cadeau.
Hugo   : Merci, c'est sympa.
Pierre : Ça nous a fait une bonne expérience.

GRAMMAIRE

1 過去分詞

▶ 過去分詞の作り方には、つぎのような規則があります。

	動詞の種類	不定詞	過去分詞
①	-er 動詞のすべて	chant**er**	→ chant**é**
②	-ir 動詞の大部分	fin**ir**	→ fin**i**
③	-oir (e) 動詞の大部分	v**oir**	→ v**u**
④	-re 動詞の大部分	répond**re**	→ répond**u**

その他： prendre → pris　　recevoir → reçu
　　　　 faire　 → fait 　　offrir　 → offert
　　　　 dire　 → dit　　　être　　 → été
　　　　 écrire → écrit 　 avoir　　→ eu　　など

2 直説法複合過去 (1) 助動詞 avoir の現在形＋過去分詞

▶ 過去の行為や出来事を言うときの時制です。否定形は助動詞 avoir の活用形を n'... pas ではさみます。

chanter (過去分詞 chanté)　　　　　　　　　　　　否定形

j'	ai	chanté	nous	avons	chanté	je	n'ai	pas chanté	nous	n'avons	pas chanté
tu	as	chanté	vous	avez	chanté	tu	n'as	pas chanté	vous	n'avez	pas chanté
il	a	chanté	ils	ont	chanté	il	n'a	pas chanté	ils	n'ont	pas chanté
elle	a	chanté	elles	ont	chanté	elle	n'a	pas chanté	elles	n'ont	pas chanté

▶ 副詞は過去分詞の直前に置きます。

Je chante *bien*. (現在)　　→　J'*ai* *bien* *chanté*. (複合過去)
Je *ne* chante *pas* *bien*. (現在)　→　Je n'*ai* *pas* *bien* *chanté*. (複合過去)

▶ 倒置疑問形では助動詞 avoir と主語を倒置します。

Avez-vous bien ***chanté*** ?

▶ 目的語代名詞は助動詞 avoir の前に置きます。その場合、過去分詞は直接目的語代名詞の性・数に一致します。

J'*ai vu* Paul hier.　　　→　Je l'*ai vu* hier. (直接目的語)
J'*ai vu* Marie hier.　　 →　Je l'*ai vu*e hier. (直接目的語)
J'*ai téléphoné* à Paul.　→　Je lui *ai téléphoné*. (間接目的語)
J'*ai téléphoné* à Marie. →　Je lui *ai téléphoné*. (間接目的語)

VOCABULAIRE

Dialogue			Grammaire			Exercices		
offrir	動	贈る	voir	動	見る / 会う	dormir	動	
cadeau	男	プレゼント	écrire	動		après-midi	男	
expérience	女		hier	副		chez ＋人	前	〜の家に
C'est sympa.		うれしいな				rendez-vous	男	
						mal	副	悪く（=pas bien）

◆ 否定の表現

ne... pas	〜ない	Je *n*'ai *pas* faim.
ne... plus	もう〜ない	Je *n*'ai *plus* faim.
ne... pas encore	まだ〜ない	Je *n*'ai *pas encore* faim.
ne... jamais	決して〜ない	Je *ne* dis *jamais* ça.
ne... rien	何も〜ない	Je *ne* sais *rien*.
ne... personne	誰も〜ない	Il *n*'y a *personne* ici.
ne... ni A ni B	A も B も〜ない	Je *n*'ai *ni* frère *ni* sœur.

◆ 曜日 (les sept jours de la semaine)

lundi　　mardi　　mercredi　　jeudi　　vendredi　　samedi　　dimanche

CONVERSATION

1 斜字体の曜日を月曜日から順次変え、下線部をイラストの表現に入れ替えて練習しましょう。

Taro　 : Qu'est-ce que tu as fait *dimanche* ?
Momo : *Dimanche*, j'ai fait du judo.

1) chanter au karaoké　　2) travailler au restaurant　　3) travailler chez moi

4) faire le ménage　　5) faire la cuisine　　6) faire la lessive　　7) faire les courses

2 DVD を見ながら、レナやアメリと練習しましょう。

EXERCICES

1 .... に過去分詞を書きましょう。　　　　　　　　🎧 2-27

例）travailler　→　_travaillé_

1）choisir　→　...........................　　2）dormir　→　...........................

3）voir　→　...........................　　4）recevoir　→　...........................

5）prendre　→　...........................　　6）comprendre　→　...........................

7）faire　→　...........................　　8）dire　→　...........................

9）écrire　→　...........................　　10）acheter　→　...........................

2 [　　]の動詞を複合過去にして .... に書きましょう。　🎧 2-27'

例）Pierre et Hugo, ils _ont_ _bien_ _travaillé_ .　[bien travailler]

1）Tu .... ? 　　　　　　　　　　[bien dormir]

2）Vous .... les billets de train ?　[déjà acheter]

3）Hier après-midi, nous .... un film français.　[voir]

4）Hier soir, j'............... mes amis chez moi.　[recevoir]

3 [　　]の動詞を複合過去にして .... に書きましょう。　🎧 2-27'

例）Tu _n'as_ pas _pris_ le petit déjeuner avec ta famille ?　[ne pas prendre]

1）Vous .... pas bien ....？　[ne pas bien comprendre]

2）Tu .... pas encore .... à tes parents ?　[ne pas encore écrire]

3）Je .... jamais .... mes rendez-vous.　[ne jamais oublier]

4）Il .... rien ....　[ne rien dire]

4 イラストを見ながら音声を聞いて、............. にフランス語を書きとりましょう。[　　]の動詞も参考にしましょう。　🎧 2-28

1）　　　　2）　　　　3）　　　　4）

1）J'ai .... !　[comprendre]

2）Je n'ai ....　[comprendre]

3）J'ai .... !　[manger]

4）J'ai mal ....　[dormir]

55

Je suis né...

ぼくが生まれたのは…

実は、まだ海に行ったことがないというユゴー、少し寂しそう。ピエールは「明日にでも行こうよ」と提案します。

Hugo   : Je ne suis jamais allé à la mer.
Pierre : Je suis né près de Bordeaux.
         Si cela te fait plaisir, nous y allons ensemble dès demain.
Hugo   : Bonne idée !

GRAMMAIRE

1 直説法複合過去（2） 助動詞 être の現在形＋過去分詞

▶助動詞に être を用いる動詞は、1）自動詞の一部　2）代名動詞です。

1) 自動詞のうち「場所の移動」や「状態の変化」を表わす動詞（過去分詞は主語の性・数に一致）

不定詞	→	過去分詞	不定詞	→	過去分詞
aller	→	allé	venir	→	venu
arriver	→		partir	→	
entrer	→		sortir	→	
rester	→		rentrer	→	
naître	→	né	mourir	→	mort

aller

je	suis	allé(e)	nous	sommes	allé(e)s
tu	es	allé(e)	vous	êtes	allé(e)(s)
il	est	allé	ils	sont	allés
elle	est	allée	elles	sont	allées

Elle *est allée* au musée aujourd'hui.

Je ne *suis* pas *allé*(*e*) au musée.

2) 代名動詞（⇒ L9）

se lever

je	me	suis	levé(e)	nous	nous	sommes	levé(e)s
tu	t'	es	levé(e)	vous	vous	êtes	levé(e)(s)
il	s'	est	levé	ils	se	sont	levés
elle	s'	est	levée	elles	se	sont	levées

再帰代名詞 se が直接目的語のとき、過去分詞は再帰代名詞の性・数に一致します。

Elle *s'est levée* à sept heures ce matin.（直接目的語）

Ils *se sont aimés*.（直接目的語）

Ils *se sont téléphoné* tous les soirs.（間接目的語）

Elle *s'est lavé* les mains.（間接目的語）

VOCABULAIRE

Dialogue			Grammaire			Exercices		
mer	女		rester	動		s'habiller	動	
naître	動		mourir	動		en vitesse		急いで
près de...	前	〜の近くに	se laver	動		se reposer	動	
cela (= ça)	代		main	女		superficie	女	面積
plaisir	男	喜び				longueur	女	長さ
dès...	前	〜からすぐに				hauteur	女	

faire plaisir à... 〜を喜ばせる   si cela te fait plaisir,... きみが喜ぶなら（それがきみを喜ばせるなら）

◆ 数詞 200-10 000

```
 200   deux cents              203   deux cent trois         910     neuf cent dix
1 000  mille                  2 000  deux mille            10 000   dix mille
1986   mille neuf cent quatre-vingt-six
2020   deux mille vingt
```

CONVERSATION

1 下線部を入れ替えて、それぞれの年号を聞いてみましょう。過去分詞と自分の年号をあらかじめ確認しておきましょう。

Taro : Tu <u>es entrée à l'université</u> en quelle année ? [entrer → entré(e)]
Momo : Je <u>suis entrée à l'université</u> en 2019.

1) naître [   ]　　2) entrér à l'école　　3) sortir du collège [   ]　　4) sortir du lycée
   en _____   en _____   en _____   en _____

2 DVD を見ながら、レナやアメリと練習しましょう。

13

EXERCICES ||||||||

1 [　] の動詞を複合過去にして .... に書きましょう。　🎧2-36

例) Elle ___est___ ___née___ en 1986. [naître]

1) Elle _____ _____ à Paris en 1996 avec ses parents. [aller]

2) Cinq ans après, ses parents _____ _____ au Japon. [rentrer]

3) Elle _____ _____ en France pour ses études. [rester]

4) Il _____ _____ _____ aujourd'hui. [ne pas sortir]

5) Elles _____ _____ _____ _____ hier. [ne pas venir]

2 [　] の動詞を複合過去にして .... に書きましょう。　🎧2-36'

例) Je ___me___ ___suis___ ___levé___ (e) tôt ce matin. [se lever]

1) Tu _____ _____ tard hier soir ? [se coucher]

2) Elle _____ _____ en vitesse. [s'habiller]

3) Nous _____ _____ _____ de sortir. [se dépêcher]

4) Vous _____ bien _____ . [se reposer]

5) Il _____ _____ les mains. [se laver]

3 イラストを見ながら音声を聞いて、(　) に数字を書きとりましょう。　🎧2-37

1)　　　　　2)　　　　　3)　　　　　4)

1) (　　　　), c'est votre numéro de chambre.

2) (　　　　) km²*, c'est la superficie de Paris.　　　　*km² : kilomètres carrés

3) (　　　　) km, c'est la longueur de la Seine.

4) (　　　　) m , c'est la hauteur** de la tour Eiffel.　　　　**hauteur の h は有音

59

J'entendais la mer.

さっきから海の音が聞こえていたよ。

松林をハイキングして海辺に出ることにしたふたり。松風に心地よい疲れを覚えたころ、海の音が聞こえてきました。

Pierre : La dernière fois que je suis venu ici, j'avais six ans. Il y avait beaucoup de monde. Nous allons bientôt arriver.

Hugo : J'en étais sûr. J'entendais la mer depuis quelques minutes.

GRAMMAIRE

1 直説法半過去

▶ 過去の継続的行為、状態・状況、習慣・反復行為を表わすときの時制です。「～していた」「～だった」「～したものだ」の表現に相当します。

▶ 活用は nous の現在形から語尾 -ons をとったものを語幹とし、半過去の語尾をつけます。

不定詞		語幹
aller	→	nous all~~ons~~
finir	→	nous finiss~~ons~~
prendre	→	nous pren~~ons~~
faire	→	nous fais~~ons~~
avoir	→	nous av~~ons~~

＊例外的な語幹をもつ動詞

être → ét-

faire
je	fais**ais**
tu	fais**ais**
il	fais**ait**
elle	fais**ait**
nous	fais**ions**
vous	fais**iez**
ils	fais**aient**
elles	fais**aient**

avoir
j'	av**ais**
tu	av**ais**
il	av**ait**
elle	av**ait**
nous	av**ions**
vous	av**iez**
ils	av**aient**
elles	av**aient**

être
j'	ét**ais**
tu	ét**ais**
il	ét**ait**
elle	ét**ait**
nous	ét**ions**
vous	ét**iez**
ils	ét**aient**
elles	ét**aient**

Quand j'*étais* jeune, je *faisais* du tennis tous les jours.

Quand il est venu chez moi, je *déjeunais*.

2 複合過去と半過去

▶ 過去のことを言う場合、完了した行為や出来事は複合過去で、状態は半過去で表現します。複合過去を点行為、半過去を線行為と表現することもあります。

Il est venu, quand nous parlions de Paul.

La première fois que j'ai vu Paul, il avait cinq ans.

▶ また直前の行為は近接過去で表現します。(*cf.* p.45)

VOCABULAIRE

Dialogue			Exercices					
monde	男	人々	avant	副	以前は (*cf.* L8)	éscalier	男	
quelques	形	複いくつかの	pauvre	形		manquer	動	
Grammaire			lecture	女		marche	女	
quand	接	〜する時/その時	rencontrer	動		vers	前	〜の頃に
déjeuner	動		chaque	形	それぞれの	regarder	動	
			téléphone	男		télévision	女	
			sonner	動		dîner	動	

la dernière fois que... この前 (最後に) 〜したのは
beaucoup de... たくさんの〜　　　　　　tout à l'heure　さきほど
être sûr(e) de... きっと〜だと思う　　　à vrai dire　実を言うと
chaque soir　毎晩 (= tous les soirs)　　Ce n'est pas vrai !　そんなことはない！

CONVERSATION

1 下線部をイラストの表現に入れ替えて練習しましょう。　　🎧 2-44

Taro : ***Pourquoi*** tu n'es pas venue hier ?
Momo : ***Parce que*** j'avais un autre rendez-vous.

1) avoir beaucoup de devoirs　　2) être très fatiguée　　3) travailler au magasin

2 DVDを見ながら、レナやアメリと練習しましょう。　　　　DVD

14

EXERCICES

1 [　]の動詞を半過去にして .... に書きましょう。　🎧2-45

例）Hier, il ___faisait___ très beau. ［faire］

1）Avant, je n' .... pas d'argent. J' .... pauvre. ［avoir / être］

2）Avant, il n' .... pas sportif. Il .... la lecture. ［être / aimer］

3）La première fois que je l'ai rencontrée, elle .... à Paris. ［habiter］

4）Quand nous .... jeunes, nous .... chaque soir. ［être / sortir］

5）Quand je suis arrivé(e) à la gare, le train .... partir. ［aller］

2 日本文の下線が引かれた部分に注意し、［　］の動詞を適切な時制（複合過去あるいは半過去）にして .... に書きましょう。　🎧2-45'

1）今朝、わたしは8時に家を<u>出た</u>。<u>雨が降っていて</u>、<u>寒かった</u>。

Ce matin, je .... de chez moi à huit heures. Il .... et il ....

très froid. ［sortir / pleuvoir / faire］

2）電話が<u>鳴った</u>とき、わたしは階段を<u>降りていた</u>。ポケットからスマホを<u>取り出そうとしていると</u>、

<u>一段踏みはずして</u>、そして<u>転んだ</u>。

Quand le téléphone .... , je .... l'escalier. ［sonner / descendre］

J' .... mon smartphone de la poche, quand j' .... une marche

et je .... ［sortir / manquer / tomber］

3 イラストを見ながら音声を聞いて、 .... にフランス語を書きとりましょう。［　］の動詞も参考にしましょう。　🎧2-46

1）　　　　2）　　　　3）　　　　4）

1）Je t' .... à .... heures hier soir.

Tu n' .... pas là. ［téléphoner / être］

2）Ce n'est pas vrai !

Je .... chez moi à .... heures. ［rentrer］

3）Avant .... heures, j' .... de * dîner. ［finir］ * finir de +不定詞：～し終える

4）Vers .... heures, je .... la télévision. ［regarder］

63

Je reviendrai cet été.
夏にまた来るぞ。

見渡すかぎり、水、みず、ミズ… ユゴー、少々興奮気味！

Hugo   : Il y a de l'eau partout !
Pierre : N'est-ce pas ?
Hugo   : Je reviendrai cet été. Je ferai du bateau.
Pierre : Tu sais nager ?
Hugo   : Je n'ai pas pensé à ça !

GRAMMAIRE ||||||||

1　直説法単純未来　　　　　　　　　　　　　　　　　　　　　　　DVD

▶ 未来の行為、状態、予定、推量などを表わすときの時制です。2 人称では軽い命令を表わすこと
もあります。

▶ 不定詞の語末から -r (-re) をとったものを語幹とし、単純未来の語尾をつけます。

不定詞		語幹	＊例外的な語幹をもつ動詞					
finir	→	**fini+**	avoir	→	**au-**	faire	→	**fe-**
arriver	→	**arrive+**	être	→	**se-**	voir	→	**ver-**
prendre	→	**prend+e**	aller	→	**i-**	vouloir	→	**voud-**
			venir	→	**viend-**	pouvoir	→	**pour-**

🎧2-48　🎧2-49　🎧2-50

finir		**avoir**		**être**	
je	fini**rai**	j'	au**rai**	je	se**rai**
tu	fini**ras**	tu	au**ras**	tu	se**ras**
il	fini**ra**	il	au**ra**	il	se**ra**
elle	fini**ra**	elle	au**ra**	elle	se**ra**
nous	fini**rons**	nous	au**rons**	nous	se**rons**
vous	fini**rez**	vous	au**rez**	vous	se**rez**
ils	fini**ront**	ils	au**ront**	ils	se**ront**
elles	fini**ront**	elles	au**ront**	elles	se**ront**

Quand est-ce que vous *finirez* ce travail ?　　　　　　　　　🎧2-51

Il *fera* beau cet après-midi.

Tu *seras* gentil avec ta petite sœur.

2　単純未来と近接未来　　　　　　　　　　　　　　　　　　　　　🎧2-52

▶ 未来のことを言う場合、話し言葉では単純未来と近接未来とを同等に用いることができます。確
実な未来としての近接未来にくらべ、単純未来には不確実性のニュアンスを帯びる場合もありす。
また、計画的・確定的な未来として言う場合には直説法現在を用いることもできます。

　　　　　　┌ 現在　　　：Je *vais*　　　　　┐
　aller　　│ 近接未来　：Je *vais aller* │ à Paris ce printemps.
　　　　　　└ 単純未来　：J'*irai*　　　　　┘

▶ 2 人称の近接未来は、単純未来と同じく（上記❶）、命令を表わすこともあります。

Tu *vas être* gentil avec ta petite sœur.

65

VOCABULAIRE

Dialogue		
partout	副	
revenir	動	
bateau	男	船
nager	動	

Exercices		
passer	動	過ごす
vacances	女 複	
se revoir	動	再会する
année	女	(暦の)年

prochain, e	形	次の
se marier	動	

N'est-ce pas ?　そうだろう？　　　　　dans + 数量表現　〜後に（例：dans une heure　1時間後に）
faire du bateau　ヨット遊びをする　　　Chouette !　やったぁ！

◆〈savoir ＋不定詞〉と〈pouvoir ＋不定詞〉

　Tu *sais* nager ?　　Vous *savez* conduire ?（能力として「できる」）
　Je ne *peux* pas nager aujourd'hui.（事情の許しがあって「できる」）

◆ 四季 (les quatre saisons)

le printemps	l'été	l'automne	l'hiver
au printemps	en été	en automne	en hiver
ce printemps	cet été	cet automne	cet hiver

CONVERSATION

1 イラストを参考にしながら季節と下線部を替え、単純未来を用いて練習しましょう。

　Taro　：Qu'est-ce que tu feras pendant les vacances cette année ?
　Momo　：*Au printemps,* je visiterai la tour Tokyo Skytree.

1) être peut-être à Paris
2) se reposer au bord de la mer
3) prendre de belles photos des feuilles rouges
4) faire des progrès en ski

　　au printemps　　　　en été　　　　　en automne　　　　en hiver

2 DVDを見ながら練習しましょう。

15

EXERCICES ||||||

1 [　]の動詞を単純未来にして .... に書きましょう。　🎧2-55

例）Je n'*oublierai* jamais le 11 mars 2011. ［oublier］

1) Elle .... une bonne pâtissière dans trois ans. ［être］

2) Tu .... de la chance. Ça .... bien. ［avoir / aller］

3) Il .... très chaud cet été. ［faire］

4) Nous .... nos vacances à la mer. ［passer］

5) On .... ici l'année prochaine. ［se revoir］

2 下線部の動詞を書き換え、近接未来と単純未来の文にしましょう。　🎧2-55'

例）Je finis ce travail demain.

→ *Je vais finir ce travail demain.* ....

→ *Je finirai ce travail demain.* ....

1) Il part pour la France cet hiver.

→ ....

→ ....

2) Il pleut cet après-midi.

→ ....

→ ....

3 イラストを見ながら音声を聞いて、............ にフランス語を書きとりましょう。［　］の動詞も参考にしましょう。　🎧2-56

1)　2)　3)　4)

1) J'aurai .... ans dans .... mois.

2) .... ans, ... seras-tu ? .... feras-tu ?

3) Paul et Marie .... l'année prochaine. ［se marier］

4) Tu .... ces .... ? Chouette ! ［acheter］

67

綴り字と発音の規則

フランス語の綴り字と発音の関係は、きわめて規則的です。

1 語末の規則 `CD2-57`

1) 語末の子音字：
  ① 原則として発音しない。 chocolat Paris grand prix
  ② 語末が c, f, l, r, の場合は発音することが多い。 avec chef bol pour
2) 語末の e は発音しない。 texte classe adresse artiste

2 母音の規則

1) **単母音字**（ひとつの母音字）：単純にひとつの音で発音するが、次の点に注意。 `CD2-58`
  * u は「ウ」でなく「ユ」と発音する。
  ** 綴り字記号のつかない e の発音には「無音」「ウ」「エ」の 3 通りの読み方がある。

a à â	[a][ɑ]	à la carte	âge		[alakart] [ɑːʒ]
i î y	[i]	titre	style		[titr] [stil]
o ô	[o][ɔ]	rose	potage		[roːz] [pɔtaːʒ]
é è ê	[e][ɛ]	café	crème	crêpe	[kafe] [krɛm] [krɛp]
u* û	[y]	début	flûte		[deby] [flyt]
e**	発音しない	élève	promenade		[elɛːv] [prɔmnad]
	[ə]	je	menu		[ʒə] [məny]
	[e][ɛ]	ces	merci		[se] [mɛrsi]

2) **複母音字**（連続した 2 つあるいは 3 つの母音字）：ひとつの母音で発音する次の規則がある。 `CD2-59`

ai ei	[ɛ][e]	Seine	maison		[sɛn] [mɛzɔ̃]
au eau	[o][ɔ]	sauce	château		[sos] [ʃato]
ou où oû	[u]	bonjour	boutique		[bɔ̃ʒuːr] [butik]
eu œu	[ø][œ]	bleu	fleur	sœur	[blø] [flœːr] [sœːr]

3) **母音字 + m, n**：息を鼻にぬく母音（鼻母音）となる。 `CD2-60`

an am en em	[ɑ̃]	pantalon	ensemble	[pɑ̃talɔ̃] [ɑ̃sɑ̃bl]
in im yn ym	[ɛ̃]	simple	symbole	[sɛ̃pl] [sɛ̃bɔl]
ain aim ein eim	[ɛ̃]	pain	faim	[pɛ̃] [fɛ̃]
un um	[œ̃]	lundi	parfum	[lœ̃di] [parfœ̃]
on om	[ɔ̃]	salon	concours	[salɔ̃] [kɔ̃kuːr]
oin	[wɛ̃]	moins	loin	[mwɛ̃] [lwɛ̃]

68

4) 半母音 [j] [ɥ] [w]：母音 [i] [y] [u] を短く、あるいはやわらかく発音する。　　`CD2-61`

i + 母音字	[j 母音]	piano	pied	[pjano] [pje]
ou + 母音字	[w 母音]	oui		[wi]
u + 母音字	[ɥ 母音]	nuance	nuit	[nɥɑ̃s] [nɥi]
ay　oy　uy	[ɛj] [waj] [ɥj]	crayon	voyage	[krɛjɔ̃] [vwajaʒ]
oi　oî	[wa]	croissant	boîte	[krwasɑ̃] [bwat]
ail	[aj]	travail		[travaj]
eil	[ɛj]	soleil		[sɔlɛj]
ill	[ij]	fille	famille	[fij] [famij]

3　子音の規則　　`CD2-62`

l と r	[l] [r]	lit	riz		[li] [ri]
		long	rond		[lɔ̃]　[rɔ̃]
		père	gratin		[pɛːr] [gratɛ̃]
c + a, o, u	[k]	café	comme	cuisine	[kafe] [kɔm] [kɥizin]
c + e, i, y	[s]	ceci	cinéma	cycle	[səsi] [sinema][sikl]
ç + a, o, u	[s]	ça	garçon		[sa] [garsɔ̃]
g + a, o, u	[g]	gomme	légume		[gɔm] [legym]
g + e, i, y	[ʒ]	garage	magique		[garaːʒ] [maʒik]
gu + e, i, y	[g]	guide	guerre		[gid] [gɛːr]
ch	[ʃ]	chanson	chocolat		[ʃɑ̃sɔ̃] [ʃɔkɔla]
ph	[f]	photo	symphonie		[fɔto] [sɛ̃fɔni]
th	[t]	cathédrale	thé		[katedral] [te]
h	発音しない	hôtel	harmonie		[ɔtɛl] [armɔni]
gn	[ɲ]	cognac	signal		[kɔɲak] [siɲal]
qu	[k]	quatre	qui	question	[katr] [ki] [kɛstjɔ̃]
母音字 + **s** + 母音字	[z]	désert	poison		[dezɛːr] [pwazɔ̃]
母音字 + **ss** + 母音字	[s]	dessert	poisson		[desɛːr] [pwasɔ̃]

疑問詞のまとめ

疑問形容詞

quel 男単　quelle 女単	どの～	*Quel* âge avez-vous ?　Tu as *quel* âge ?	p.29
quels 男複　quelles 女複	どんな～	*Quelles* sont les conditions ?	

疑問代名詞

qui	これは誰 ?	*Qui* est-ce ? / C'est *qui* ?	p.14
	誰が～ ?	*Qui* chante ?	p.51
	誰を～ ?	*Qui* cherches-tu ? / *Qui est-ce que* tu cherches ?	
que qu'+ 母音字 quoi（文頭以外で）	これは何 ?	*Qu'*est-ce que c'est ? / C'est *quoi* ?	p.14
	何が～	*Qu'*est-ce qui est là ?	
	何を～	*Que* cherches-tu ? / *Qu'est-ce que* tu cherches ?	p.16

疑問副詞

quand	いつ ?	C'est *quand* ton anniversaire ?	p.22
		Quand partez-vous ?	
où	どこに ?	*Où est-ce que* vous allez ? / Vous allez *où* ?	p.25
		Où allez-vous ?	
d'où	どこから	*D'où* venez-vous ?	
comment	どのように ?	*Comment* viens-tu à la fac ?	p.26
		On fait *comment* ?	p.20
		Tu t'appelles *comment* ?	p.43
	どのような ?	*Comment* est-il ?	p.39
combien	いくら ?	C'est *combien* ?	p.42
combien de (d')	何人 / いくつの ?	*Combien de* sœurs as-tu ?	p.47
pourquoi	なぜ ?	*Pourquoi* tu n'es pas venu(e) hier ?	p.62

国名・国民名・言語のまとめ

国名	(～に / ～で)	(～から)	国民名 (～人)*	国語 (～語)**	(～語で)
la France 女	en France	de France	Français(e)	le français	en français
la Chine 女	en Chine	de Chine	Chinois(e)	le chinois	en chinois
l'Allemagne 女	en Allemagne	d'Allemagne	Allemand(e)	l'allemand	en allemand
l'Angleterre 女	en Angleterre	d'Angleterre	Anglais(e)	l'anglais	en anglais
l'Italie 女	en Italie	d'Italie	Italien(ne)	l'italien	en italien
l'Espagne 女	en Espagne	d'Espagne	Espagnol(e)	l'espagnol	en espagnol
le Japon 男	au Japon	du Japon	Japonais(e)	le japonais	en japonais
le Canada 男	au Canada	du Canada	Canadien(ne)		

*　「～人です」〈être + ～人〉の場合、語頭は小文字。 Je suis japonais.

**「～語を話す」〈parler + ～語〉の場合、無冠詞で言うことも多い。 Je parle français.

品詞別文法事項索引

名詞

名詞の性と数　p.13

冠詞

不定冠詞（un, une, des）　p.13

不定冠詞の変形（des → de）　p.13

　　　　　　（ne... pas de）　p.17

定冠詞（le, la, les）　p.17

前置詞と定冠詞の縮約（au, aux, du, des）　p.25

部分冠詞（du, de la）　p.33

　　　　（ne... pas de）　p.33

形容詞

形容詞の性と数　p.13

形容詞の特殊な女性形　p.14, 22

形容詞の位置　p.13, 14

所有形容詞（mon, ma, mes...）　p.29

指示形容詞（ce, cet, cette, ces）　p.21

代名詞

主語人称代名詞（je, tu...）　p.9

強勢形人称代名詞（moi, toi...）　p.29

直接目的語の人称代名詞（me, te, le...）　p.37

間接目的語の人称代名詞（me, te, lui...）　p.41

on（不定代名詞）　p.21

中性代名詞（en, y, le）　p.45

動詞

直説法現在

　-er 動詞　　aimer　p.17

　-ir 動詞　　choisir　p.33

　不規則動詞 être　p.9

　　　　　　avoir　p.13

　　　　　　faire, descendre　p.21

　　　　　　aller, venir　p.25

　　　　　　vouloir　p.33

　　　　　　pouvoir　p.37

　　　　　　prendre　p.41

　代名動詞 se coucher, se lever　p.41

　近接未来〈aller + 不定詞〉　p.45

　近接過去〈venir de + 不定詞〉　p.45

直説法複合過去（1）〈avoir + 過去分詞〉　p.53

　　　　複合過去（2）〈être + 過去分詞〉　p.57

直説法半過去　p.61

直説法単純未来　p.65

命令形　p.25

表現

提示の表現（c'est..., ce sont...）　p.14

　　　　　（voici..., voilà...）　p.19

否定文　p.17

疑問文　p.21

疑問文の応答（oui, non, si）　p.18

非人称構文　p.37

強調構文　p.77

時刻の表現　p.38

比較級・最上級　p.49

否定の表現　p.54

ジャンル別単語

国籍・身分・職業の名詞　p.10

言語　p.18, 82

国名　p.26, 82

色　p.30

曜日　p.54

12 ヵ月　p.22

四季　p.66

数詞：0-10　p.10

　　：11-40　p.22

　　：41-100　p.30

　　：200-10 000　p.58

序数詞　p.50

その他

アンシェヌマン、リエゾン　p.9

エリズィオン　p.13

CULTURE FRANÇAISE

フランスの各地の風景やさまざまな生活習慣を収録した映像です。DVD でお楽しみください。

1. **Paris**（ぼくらの住む街パリ）
2. **Se dire bonjour**（フランス式挨拶の方法）
3. **Conduire**（フランス式車の運転）
4. **Les régions de France**（フランスの地方の風景）
5. **Les fromages**（チーズ大国フランス）
6. **L'école**（フランスの学校）
7. **Le petit déjeuner**（フランスの朝食）
8. **Parler avec des gestes**（ジェスチャーで話す）
9. **Les fêtes**（フランスのパーティー）
10. **Le marché en France**（青空市場）
11. **Des monuments**（歴史的記念建造物）
12. **Au restaurant**（レストランで）
13. **Filer la laine à l'ancienne**（昔ながらに糸をつむぐ）
14. **Le vin**（ワイン大国フランス）
15. **Le littoral**（海辺で）
16. **À la campagne**（田舎には…）

日本とフランス

	🇫🇷	🇯🇵
面積	543,965km²	377,914km²
人口	約6千5百万人	約1億2千7百万人

フランス本土の面積は日本のおよそ1.5倍
フランスの人口は日本のおよそ半分

48° Paris
43° Bayonne — Asahikawa

距離　Paris-Tokyo　およそ9千6百km　飛行機で約11時間

フランスの地図

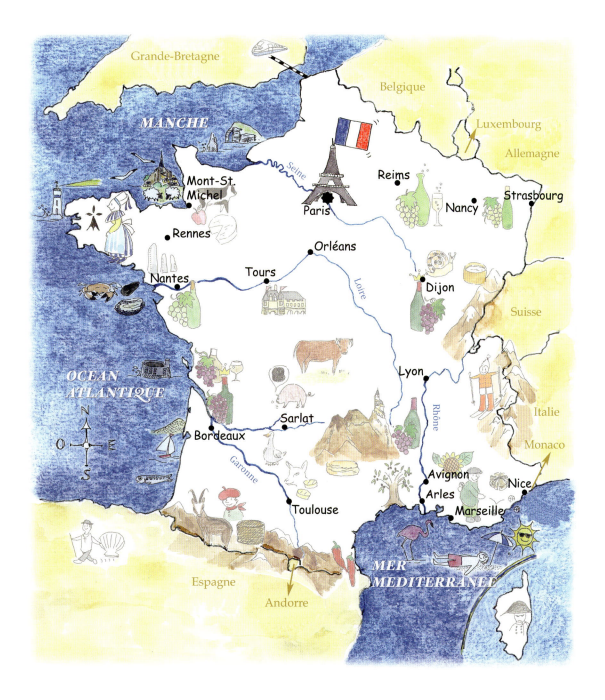

Message

Vous le savez peut-être déjà mais un des sports les plus pratiqués en France est le Judo et nous pouvons dire que c'est en partie pour cela que beaucoup de Français connaissent un peu le Japon.

Nous avons essayé pour notre part de montrer de nombreux aspects de la France qui est un pays riche de diversités régionales, avec des Français ayant des manières de s'exprimer et des habitudes de vie parfois différentes.

Nous avons donc essayé de parcourir le plus possible les divers aspects culturels de la France et des Français.

Il vous reste néanmoins beaucoup de choses à découvrir et à apprendre !

Les réalisateurs

著者紹介
小笠原洋子（おがさわら ようこ）
安田女子大学 非常勤講師

ピエールとユゴー［コンパクト版］（DVD 付）

2019 年 2 月 10 日　第 1 刷発行
2024 年 3 月 10 日　第 6 刷発行

著　者 © 小　笠　原　洋　子
発行者　岩　堀　雅　己
印刷・製本　図　書　印　刷　株　式　会　社

〒101-0052 東京都千代田区神田小川町 3 の 24
発行所　電話 03-3291-7811（営業部），7821（編集部）　株式会社白水社
www.hakusuisha.co.jp
乱丁・落丁本は送料小社負担にてお取り替えいたします。

振替　00190-5-33228　　　　　　　　　　　　　　Printed in Japan

ISBN978-4-560-06131-2

▷本書のスキャン、デジタル化等の無断複製は著作権法上での例外を除き禁じられています。本書を代行業者等の第三者に依頼してスキャンやデジタル化することはたとえ個人や家庭内での利用であっても著作権法上認められていません。

入門／文法

ニューエクスプレスプラス フランス語
東郷雄二［著］　【CD付】【音声アプリあり】
会話＋文法、入門書の決定版がパワーアップ.
（2色刷）A5判　159頁　定価2090円（本体1900円）

フラ語入門、わかりやすいにも
ホドがある！［改訂新版］【CD付】【音声アプリあり】
清岡智比古［著］　楽しく学べる入門書.
（2色刷）A5判　197頁　定価1760円（本体1600円）

フランス語のABC［新版］　【音声アプリあり】
数江譲治［著］　一生モノのリファレンス.
（2色刷）四六判　274頁　定価2420円（本体2200円）

ひとりでも学べるフランス語
中村敦子［著］　　　　　　　【音声アプリあり】
独習でも「わかった」「発音できる」という実感.
（2色刷）A5判　190頁　定価2310円（本体2100円）

アクション！ フランス語A1
根木昭英／野澤督／G. ヴェスィエール［著］
ヨーロッパスタンダード.　【音声ダウンロードあり】
（2色刷）A5判　151頁　定価2420円（本体2200円）

みんなの疑問に答える つぶやきのフランス語文法
田中善英［著］　　　フランス語学習を徹底サポート.
（2色刷）A5判　273頁　定価2860円（本体2600円）

問題集

フラ語問題集、なんか楽しいかも！
清岡智比古［著］　　　　　　【音声ダウンロードあり】
ザセツ知らずの練習問題集.
（2色刷）A5判　218頁　定価2090円（本体1900円）

1日5題文法ドリル つぶやきのフランス語
田中善英［著］　　　日常生活で使える1500題.
四六判　247頁　定価2090円（本体1900円）

フランス文法はじめての練習帳
中村敦子［著］　まずはこの一冊を完全にやりきろう！
A5判　186頁　定価1760円（本体1600円）

15日間フランス文法おさらい帳［改訂版］
中村敦子［著］　ドリル式で苦手項目を克服！
A5判　163頁　定価1980円（本体1800円）

仏検対策 5級問題集 三訂版　【CD付】
小倉博史／モーリス・ジャケ／舟杉真一［編著］
この一冊で仏検突破！
A5判　127頁　定価1980円（本体1800円）

仏検対策 4級問題集 三訂版　【CD付】
小倉博史／モーリス・ジャケ／舟杉真一［編著］
どんどん進む仏検対策の決定版.
A5判　147頁　定価2090円（本体1900円）

発音／リスニング

はじめての声に出すフランス語
高岡優希／ジャン=ノエル・ポレ／富本ジャニナ［著］
語学の独習は最初が肝心！　　　　　　【CD付】
A5判　108頁　定価1980円（本体1800円）

声に出すフランス語 即答練習ドリル
初級編　　　　　　　　　【音声ダウンロードあり】
高岡優希／ジャン=ノエル・ポレ／富本ジャニナ［著］
1200の即答練習で反射神経を鍛える！
A5判　122頁　定価2420円（本体2200円）

やさしくはじめるフランス語リスニング
大塚陽子／佐藤クリスティーヌ［著］
リスニングのはじめの一歩を.　【音声アプリあり】
（一部2色刷）A5判　117頁　定価2310円（本体2100円）

サクサク話せる！ フランス語会話
フローラン・ジレル・ボニニ［著］【音声アプリあり】
キーフレーズで表現の型を知る.
A5判　146頁　定価2530円（本体2300円）

単語集／熟語集

フラ語入門、ボキャブラ、単語王とは
おこがましい！［増補新版］
清岡智比古［著］　　　　　　【音声ダウンロードあり】
（2色刷）A5判　263頁　定価2090円（本体1900円）

《仏検》3・4級必須単語集（新装版）【CD付】
久松健一［著］　基礎語彙力養成にも最適！
四六判　234頁　定価1760円（本体1600円）

DELF A2 対応　　　　　【音声ダウンロードあり】
フランス語単語トレーニング
モーリス・ジャケ／舟杉真一／服部悦子［著］
四六判　203頁　定価2640円（本体2400円）

DELF B1・B2 対応　　　【音声ダウンロードあり】
フランス語単語トレーニング
モーリス・ジャケ／舟杉真一／服部悦子［著］
四六判　202頁　定価2860円（本体2600円）

動詞活用

フラ語動詞、こんなにわかっていい
かしら？［増補新版］
清岡智比古［著］　　　　　　【音声ダウンロードあり】
（2色刷）A5判　158頁　定価1760円（本体1600円）

徹底整理 フランス語動詞活用55
高橋信良／久保田剛史［著］　【音声ダウンロードあり】
（2色刷）A5判　134頁　定価1980円（本体1800円）

フランス語動詞完全攻略ドリル
岩根久／渡辺貴規子［著］　1500問をコツコツこなす.
A5判　189頁　定価2200円（本体2000円）

重版にあたり，価格が変更になることがありますので，ご了承ください.

動 詞 活 用 表

1	avoir	18	écrire	35	pouvoir
2	être	19	employer	36	préférer
3	aimer	20	envoyer	37	prendre
4	finir	21	faire	38	recevoir
5	acheter	22	falloir	39	rendre
6	aller	23	fuir	40	résoudre
7	appeler	24	lire	41	rire
8	asseoir	25	manger	42	savoir
9	battre	26	mettre	43	suffire
10	boire	27	mourir	44	suivre
11	conduire	28	naître	45	vaincre
12	connaître	29	ouvrir	46	valoir
13	courir	30	partir	47	venir
14	craindre	31	payer	48	vivre
15	croire	32	placer	49	voir
16	devoir	33	plaire	50	vouloir
17	dire	34	pleuvoir		

不定法	直　説　法			

① avoir

現在分詞
ayant

過去分詞
eu [y]

現　在	半過去	単純過去	単純未来
j'　ai [e]	j'　avais	j'　eus [y]	j'　aurai
tu　as	tu　avais	tu　eus	tu　auras
il　a	il　avait	il　eut	il　aura
nous avons	nous avions	nous eûmes	nous aurons
vous avez	vous aviez	vous eûtes	vous aurez
ils　ont	ils　avaient	ils　eurent	ils　auront

複合過去	大過去	前過去	前未来
j'　ai　eu	j'　avais　eu	j'　eus　eu	j'　aurai　eu
tu　as　eu	tu　avais　eu	tu　eus　eu	tu　auras　eu
il　a　eu	il　avait　eu	il　eut　eu	il　aura　eu
nous avons eu	nous avions eu	nous eûmes eu	nous aurons eu
vous avez eu	vous aviez eu	vous eûtes eu	vous aurez eu
ils　ont　eu	ils　avaient eu	ils　eurent eu	ils　auront eu

② être

現在分詞
étant

過去分詞
été

現　在	半過去	単純過去	単純未来
je　suis	j'　étais	je　fus	je　serai
tu　es	tu　étais	tu　fus	tu　seras
il　est	il　était	il　fut	il　sera
nous sommes	nous étions	nous fûmes	nous serons
vous êtes	vous étiez	vous fûtes	vous serez
ils　sont	ils　étaient	ils　furent	ils　seront

複合過去	大過去	前過去	前未来
j'　ai　été	j'　avais　été	j'　eus　été	j'　aurai　été
tu　as　été	tu　avais　été	tu　eus　été	tu　auras　été
il　a　été	il　avait　été	il　eut　été	il　aura　été
nous avons été	nous avions été	nous eûmes été	nous aurons été
vous avez été	vous aviez été	vous eûtes été	vous aurez été
ils　ont　été	ils　avaient été	ils　eurent été	ils　auront été

③ aimer

現在分詞
aimant

過去分詞
aimé

第1群
規則動詞

現　在	半過去	単純過去	単純未来
j'　aime	j'　aimais	j'　aimai	j'　aimerai
tu　aimes	tu　aimais	tu　aimas	tu　aimeras
il　aime	il　aimait	il　aima	il　aimera
nous aimons	nous aimions	nous aimâmes	nous aimerons
vous aimez	vous aimiez	vous aimâtes	vous aimerez
ils　aiment	ils　aimaient	ils　aimèrent	ils　aimeront

複合過去	大過去	前過去	前未来
j'　ai　aimé	j'　avais　aimé	j'　eus　aimé	j'　aurai　aimé
tu　as　aimé	tu　avais　aimé	tu　eus　aimé	tu　auras　aimé
il　a　aimé	il　avait　aimé	il　eut　aimé	il　aura　aimé
nous avons aimé	nous avions aimé	nous eûmes aimé	nous aurons aimé
vous avez aimé	vous aviez aimé	vous eûtes aimé	vous aurez aimé
ils　ont　aimé	ils　avaient aimé	ils　eurent aimé	ils　auront aimé

④ finir

現在分詞
finissant

過去分詞
fini

第2群
規則動詞

現　在	半過去	単純過去	単純未来
je　finis	je　finissais	je　finis	je　finirai
tu　finis	tu　finissais	tu　finis	tu　finiras
il　finit	il　finissait	il　finit	il　finira
nous finissons	nous finissions	nous finîmes	nous finirons
vous finissez	vous finissiez	vous finîtes	vous finirez
ils　finissent	ils　finissaient	ils　finirent	ils　finiront

複合過去	大過去	前過去	前未来
j'　ai　fini	j'　avais　fini	j'　eus　fini	j'　aurai　fini
tu　as　fini	tu　avais　fini	tu　eus　fini	tu　auras　fini
il　a　fini	il　avait　fini	il　eut　fini	il　aura　fini
nous avons fini	nous avions fini	nous eûmes fini	nous aurons fini
vous avez fini	vous aviez fini	vous eûtes fini	vous aurez fini
ils　ont　fini	ils　avaient fini	ils　eurent fini	ils　auront fini

条　件　法	接　　続　　法		命　令　法

現　在	現　在	半　過　去	
j' aurais	j' aie [ε]	j' eusse	
tu aurais	tu aies	tu eusses	aie
il aurait	il ait	il eût	
nous aurions	nous ayons	nous eussions	ayons
vous auriez	vous ayez	vous eussiez	ayez
ils auraient	ils aient	ils eussent	

過　去	過　去	大　過　去	
j' aurais eu	j' aie eu	j' eusse eu	
tu aurais eu	tu aies eu	tu eusses eu	
il aurait eu	il ait eu	il eût eu	
nous aurions eu	nous ayons eu	nous eussions eu	
vous auriez eu	vous ayez eu	vous eussiez eu	
ils auraient eu	ils aient eu	ils eussent eu	

現　在	現　在	半　過　去	
je serais	je sois	je fusse	
tu serais	tu sois	tu fusses	sois
il serait	il soit	il fût	
nous serions	nous soyons	nous fussions	soyons
vous seriez	vous soyez	vous fussiez	soyez
ils seraient	ils soient	ils fussent	

過　去	過　去	大　過　去	
j' aurais été	j' aie été	j' eusse été	
tu aurais été	tu aies été	tu eusses été	
il aurait été	il ait été	il eût été	
nous aurions été	nous ayons été	nous eussions été	
vous auriez été	vous ayez été	vous eussiez été	
ils auraient été	ils aient été	ils eussent été	

現　在	現　在	半　過　去	
j' aimerais	j' aime	j' aimasse	
tu aimerais	tu aimes	tu aimasses	aime
il aimerait	il aime	il aimât	
nous aimerions	nous aimions	nous aimassions	aimons
vous aimeriez	vous aimiez	vous aimassiez	aimez
ils aimeraient	ils aiment	ils aimassent	

過　去	過　去	大　過　去	
j' aurais aimé	j' aie aimé	j' eusse aimé	
tu aurais aimé	tu aies aimé	tu eusses aimé	
il aurait aimé	il ait aimé	il eût aimé	
nous aurions aimé	nous ayons aimé	nous eussions aimé	
vous auriez aimé	vous ayez aimé	vous eussiez aimé	
ils auraient aimé	ils aient aimé	ils eussent aimé	

現　在	現　在	半　過　去	
je finirais	je finisse	je finisse	
tu finirais	tu finisses	tu finisses	finis
il finirait	il finisse	il finît	
nous finirions	nous finissions	nous finissions	finissons
vous finiriez	vous finissiez	vous finissiez	finissez
ils finiraient	ils finissent	ils finissent	

過　去	過　去	大　過　去	
j' aurais fini	j' aie fini	j' eusse fini	
tu aurais fini	tu aies fini	tu eusses fini	
il aurait fini	il ait fini	il eût fini	
nous aurions fini	nous ayons fini	nous eussions fini	
vous auriez fini	vous ayez fini	vous eussiez fini	
ils auraient fini	ils aient fini	ils eussent fini	

不定法 現在分詞 過去分詞	直 説 法			
	現　　在	半 過 去	単純過去	単純未来
⑤ **acheter** achetant acheté	j' achète tu achètes il achète n. achetons v. achetez ils achètent	j' achetais tu achetais il achetait n. achetions v. achetiez ils achetaient	j' achetai tu achetas il acheta n. achetâmes v. achetâtes ils achetèrent	j' achèterai tu achèteras il achètera n. achèterons v. achèterez ils achèteront
⑥ **aller** allant allé	je **vais** tu **vas** il **va** n. allons v. allez ils **vont**	j' allais tu allais il allait n. allions v. alliez ils allaient	j' allai tu allas il alla n. allâmes v. allâtes ils allèrent	j' irai tu iras il ira n. irons v. irez ils iront
⑦ **appeler** appelant appelé	j' appelle tu appelles il appelle n. appelons v. appelez ils appellent	j' appelais tu appelais il appelait n. appelions v. appeliez ils appelaient	j' appelai tu appelas il appela n. appelâmes v. appelâtes ils appelèrent	j' appellerai tu appelleras il appellera n. appellerons v. appellerez ils appelleront
⑧ **asseoir** asseyant (assoyant) assis	j' assieds [asje] tu assieds il assied n. asseyons v. asseyez ils asseyent j' assois tu assois il assoit n. assoyons v. assoyez ils assoient	j' asseyais tu asseyais il asseyait n. asseyions v. asseyiez ils asseyaient j' assoyais tu assoyais il assoyait n. assoyions v. assoyiez ils assoyaient	j' assis tu assis il assit n. assîmes v. assîtes ils assirent	j' assiérai tu assiéras il assiéra n. assiérons v. assiérez ils assiéront j' assoirai tu assoiras il assoira n. assoirons v. assoirez ils assoiront
⑨ **battre** battant battu	je bats tu bats il bat n. battons v. battez ils battent	je battais tu battais il battait n. battions v. battiez ils battaient	je battis tu battis il battit n. battîmes v. battîtes ils battirent	je battrai tu battras il battra n. battrons v. battrez ils battront
⑩ **boire** buvant bu	je bois tu bois il boit n. buvons v. buvez ils boivent	je buvais tu buvais il buvait n. buvions v. buviez ils buvaient	je bus tu bus il but n. bûmes v. bûtes ils burent	je boirai tu boiras il boira n. boirons v. boirez ils boiront
⑪ **conduire** conduisant conduit	je conduis tu conduis il conduit n. conduisons v. conduisez ils conduisent	je conduisais tu conduisais il conduisait n. conduisions v. conduisiez ils conduisaient	je conduisis tu conduisis il conduisit n. conduisîmes v. conduisîtes ils conduisirent	je conduirai tu conduiras il conduira n. conduirons v. conduirez ils conduiront

条 件 法	接 続 法		命 令 法	同 型
現　在	現　在	半 過 去		
j' achèterais tu achèterais il achèterait n. achèterions v. achèteriez ils achèteraient	j' achète tu achètes il achète n. achetions v. achetiez ils achètent	j' achetasse tu achetasses il achetât n. achetassions v. achetassiez ils achetassent	achète achetons achetez	achever lever mener promener soulever
j' irais tu irais il irait n. irions v. iriez ils iraient	j' **aille** tu **ailles** il **aille** n. allions v. alliez ils **aillent**	j' allasse tu allasses il allât n. allassions v. allassiez ils allassent	**va** allons allez	
j' appellerais tu appellerais il appellerait n. appellerions v. appelleriez ils appelleraient	j' appelle tu appelles il appelle n. appelions v. appeliez ils appellent	j' appelasse tu appelasses il appelât n. appelassions v. appelassiez ils appelassent	appelle appelons appelez	jeter rappeler
j' assiérais tu assiérais il assiérait n. assiérions v. assiériez ils assiéraient	j' asseye [asεj] tu asseyes il asseye n. asseyions v. asseyiez ils asseyent	j' assisse tu assisses il assît n. assissions v. assissiez ils assissent	assieds asseyons asseyez	注　主として代名動詞 s'asseoir で使われる.
j' assoirais tu assoirais il assoirait n. assoirions v. assoiriez ils assoiraient	j' assoie tu assoies il assoie n. assoyions v. assoyiez ils assoient		assois assoyons assoyez	
je battrais tu battrais il battrait n. battrions v. battriez ils battraient	je batte tu battes il batte n. battions v. battiez ils battent	je battisse tu battisses il battît n. battissions v. battissiez ils battissent	bats battons battez	abattre combattre
je boirais tu boirais il boirait n. boirions v. boiriez ils boiraient	je boive tu boives il boive n. buvions v. buviez ils boivent	je busse tu busses il bût n. bussions v. bussiez ils bussent	bois buvons buvez	
je conduirais tu conduirais il conduirait n. conduirions v. conduiriez ils conduiraient	je conduise tu conduises il conduise n. conduisions v. conduisiez ils conduisent	je conduisisse tu conduisisses il conduisît n. conduisissions v. conduisissiez ils conduisissent	conduis conduisons conduisez	construire détruire instruire introduire produire traduire

不定法 現在分詞 過去分詞	直　　説　　法			
	現　　在	半　過　去	単純過去	単純未来
⑫ **connaître** connaissant connu	je connais tu connais il connaît n. connaissons v. connaissez ils connaissent	je connaissais tu connaissais il connaissait n. connaissions v. connaissiez ils connaissaient	je connus tu connus il connut n. connûmes v. connûtes ils connurent	je connaîtrai tu connaîtras il connaîtra n. connaîtrons v. connaîtrez ils connaîtront
⑬ **courir** courant couru	je cours tu cours il court n. courons v. courez ils courent	je courais tu courais il courait n. courions v. couriez ils couraient	je courus tu courus il courut n. courûmes v. courûtes ils coururent	je courrai tu courras il courra n. courrons v. courrez ils courront
⑭ **craindre** craignant craint	je crains tu crains il craint n. craignons v. craignez ils craignent	je craignais tu craignais il craignait n. craignions v. craigniez ils craignaient	je craignis tu craignis il craignit n. craignîmes v. craignîtes ils craignirent	je craindrai tu craindras il craindra n. craindrons v. craindrez ils craindront
⑮ **croire** croyant cru	je crois tu crois il croit n. croyons v. croyez ils croient	je croyais tu croyais il croyait n. croyions v. croyiez ils croyaient	je crus tu crus il crut n. crûmes v. crûtes ils crurent	je croirai tu croiras il croira n. croirons v. croirez ils croiront
⑯ **devoir** devant dû, due, dus, dues	je dois tu dois il doit n. devons v. devez ils doivent	je devais tu devais il devait n. devions v. deviez ils devaient	je dus tu dus il dut n. dûmes v. dûtes ils durent	je devrai tu devras il devra n. devrons v. devrez ils devront
⑰ **dire** disant dit	je dis tu dis il dit n. disons v. **dites** ils disent	je disais tu disais il disait n. disions v. disiez ils disaient	je dis tu dis il dit n. dîmes v. dîtes ils dirent	je dirai tu diras il dira n. dirons v. direz ils diront
⑱ **écrire** écrivant écrit	j' écris tu écris il écrit n. écrivons v. écrivez ils écrivent	j' écrivais tu écrivais il écrivait n. écrivions v. écriviez ils écrivaient	j' écrivis tu écrivis il écrivit n. écrivîmes v. écrivîtes ils écrivirent	j' écrirai tu écriras il écrira n. écrirons v. écrirez ils écriront
⑲ **employer** employant employé	j' emploie tu emploies il emploie n. employons v. employez ils emploient	j' employais tu employais il employait n. employions v. employiez ils employaient	j' employai tu employas il employa n. employâmes v. employâtes ils employèrent	j' emploierai tu emploieras il emploiera n. emploierons v. emploierez ils emploieront

条 件 法	接 続 法		命 令 法	同 型
現　　在	現　　在	半 過 去		
je connaîtrais tu connaîtrais il connaîtrait n. connaîtrions v. connaîtriez ils connaîtraient	je connaisse tu connaisses il connaisse n. connaissions v. connaissiez ils connaissent	je connusse tu connusses il connût n. connussions v. connussiez ils connussent	connais connaissons connaissez	apparaître disparaître paraître reconnaître
je courrais tu courrais il courrait n. courrions v. courriez ils courraient	je coure tu coures il coure n. courions v. couriez ils courent	je courusse tu courusses il courût n. courussions v. courussiez ils courussent	cours courons courez	accourir parcourir
je craindrais tu craindrais il craindrait n. craindrions v. craindriez ils craindraient	je craigne tu craignes il craigne n. craignions v. craigniez ils craignent	je craignisse tu craignisses il craignît n. craignissions v. craignissiez ils craignissent	crains craignons craignez	atteindre éteindre joindre peindre plaindre
je croirais tu croirais il croirait n. croirions v. croiriez ils croiraient	je croie tu croies il croie n. croyions v. croyiez ils croient	je crusse tu crusses il crût n. crussions v. crussiez ils crussent	crois croyons croyez	
je devrais tu devrais il devrait n. devrions v. devriez ils devraient	je doive tu doives il doive n. devions v. deviez ils doivent	je dusse tu dusses il dût n. dussions v. dussiez ils dussent		
je dirais tu dirais il dirait n. dirions v. diriez ils diraient	je dise tu dises il dise n. disions v. disiez ils disent	je disse tu disses il dît n. dissions v. dissiez ils dissent	dis disons **dites**	
j' écrirais tu écrirais il écrirait n. écririons v. écririez ils écriraient	j' écrive tu écrives il écrive n. écrivions v. écriviez ils écrivent	j' écrivisse tu écrivisses il écrivît n. écrivissions v. écrivissiez ils écrivissent	écris écrivons écrivez	décrire inscrire
j' emploierais tu emploierais il emploierait n. emploierions v. emploieriez ils emploieraient	j' emploie tu emploies il emploie n. employions v. employiez ils emploient	j' employasse tu employasses il employât n. employassions v. employassiez ils employassent	emploie employons employez	aboyer nettoyer noyer tutoyer

不定法 現在分詞 過去分詞	直　　説　　法			
	現　　在	半　過　去	単純過去	単純未来
⑳ **envoyer** envoyant envoyé	j' envoie tu envoies il envoie n. envoyons v. envoyez ils envoient	j' envoyais tu envoyais il envoyait n. envoyions v. envoyiez ils envoyaient	j' envoyai tu envoyas il envoya n. envoyâmes v. envoyâtes ils envoyèrent	j' enverrai tu enverras il enverra n. enverrons v. enverrez ils enverront
㉑ **faire** faisant [fəzɑ̃] fait	je fais [fɛ] tu fais il fait n. faisons [fəzɔ̃] v. faites [fɛt] ils **font**	je faisais [fəzɛ] tu faisais il faisait n. faisions v. faisiez ils faisaient	je fis tu fis il fit n. fîmes v. fîtes ils firent	je ferai tu feras il fera n. ferons v. ferez ils feront
㉒ **falloir** — fallu	il faut	il fallait	il fallut	il faudra
㉓ **fuir** fuyant fui	je fuis tu fuis il fuit n. fuyons v. fuyez ils fuient	je fuyais tu fuyais il fuyait n. fuyions v. fuyiez ils fuyaient	je fuis tu fuis il fuit n. fuîmes v. fuîtes ils fuirent	je fuirai tu fuiras il fuira n. fuirons v. fuirez ils fuiront
㉔ **lire** lisant lu	je lis tu lis il lit n. lisons v. lisez ils lisent	je lisais tu lisais il lisait n. lisions v. lisiez ils lisaient	je lus tu lus il lut n. lûmes v. lûtes ils lurent	je lirai tu liras il lira n. lirons v. lirez ils liront
㉕ **manger** mangeant mangé	je mange tu manges il mange n. mangeons v. mangez ils mangent	je mangeais tu mangeais il mangeait n. mangions v. mangiez ils mangeaient	je mangeai tu mangeas il mangea n. mangeâmes v. mangeâtes ils mangèrent	je mangerai tu mangeras il mangera n. mangerons v. mangerez ils mangeront
㉖ **mettre** mettant mis	je mets tu mets il met n. mettons v. mettez ils mettent	je mettais tu mettais il mettait n. mettions v. mettiez ils mettaient	je mis tu mis il mit n. mîmes v. mîtes ils mirent	je mettrai tu mettras il mettra n. mettrons v. mettrez ils mettront
㉗ **mourir** mourant mort	je meurs tu meurs il meurt n. mourons v. mourez ils meurent	je mourais tu mourais il mourait n. mourions v. mouriez ils mouraient	je mourus tu mourus il mourut n. mourûmes v. mourûtes ils moururent	je mourrai tu mourras il mourra n. mourrons v. mourrez ils mourront

条 件 法	接 続 法		命 令 法	同 型
現　　在	現　　在	半　過　去		
j' enverrais tu enverrais il enverrait n. enverrions v. enverriez ils enverraient	j' envoie tu envoies il envoie n. envoyions v. envoyiez ils envoient	j' envoyasse tu envoyasses il envoyât n. envoyassions v. envoyassiez ils envoyassent	envoie envoyons envoyez	renvoyer
je ferais tu ferais il ferait n. ferions v. feriez ils feraient	je fasse tu fasses il fasse n. fassions v. fassiez ils fassent	je fisse tu fisses il fît n. fissions v. fissiez ils fissent	fais faisons faites	défaire refaire satisfaire
il faudrait	il faille	il fallût		
je fuirais tu fuirais il fuirait n. fuirions v. fuiriez ils fuiraient	je fuie tu fuies il fuie n. fuyions v. fuyiez ils fuient	je fuisse tu fuisses il fuît n. fuissions v. fuissiez ils fuissent	fuis fuyons fuyez	s'enfuir
je lirais tu lirais il lirait n. lirions v. liriez ils liraient	je lise tu lises il lise n. lisions v. lisiez ils lisent	je lusse tu lusses il lût n. lussions v. lussiez ils lussent	lis lisons lisez	élire relire
je mangerais tu mangerais il mangerait n. mangerions v. mangeriez ils mangeraient	je mange tu manges il mange n. mangions v. mangiez ils mangent	je mangeasse tu mangeasses il mangeât n. mangeassions v. mangeassiez ils mangeassent	mange mangeons mangez	changer déranger nager obliger partager voyager
je mettrais tu mettrais il mettrait n. mettrions v. mettriez ils mettraient	je mette tu mettes il mette n. mettions v. mettiez ils mettent	je misse tu misses il mît n. missions v. missiez ils missent	mets mettons mettez	admettre commettre permettre promettre remettre
je mourrais tu mourrais il mourrait n. mourrions v. mourriez ils mourraient	je meure tu meures il meure n. mourions v. mouriez ils meurent	je mourusse tu mourusses il mourût n. mourussions v. mourussiez ils mourussent	meurs mourons mourez	

不定法 現在分詞 過去分詞	直　　説　　法			
	現　　在	半　過　去	単純過去	単純未来
㉘ **naître** naissant né	je nais tu nais il naît n. naissons v. naissez ils naissent	je naissais tu naissais il naissait n. naissions v. naissiez ils naissaient	je naquis tu naquis il naquit n. naquîmes v. naquîtes ils naquirent	je naîtrai tu naîtras il naîtra n. naîtrons v. naîtrez ils naîtront
㉙ **ouvrir** ouvrant ouvert	j' ouvre tu ouvres il ouvre n. ouvrons v. ouvrez ils ouvrent	j' ouvrais tu ouvrais il ouvrait n. ouvrions v. ouvriez ils ouvraient	j' ouvris tu ouvris il ouvrit n. ouvrîmes v. ouvrîtes ils ouvrirent	j' ouvrirai tu ouvriras il ouvrira n. ouvrirons v. ouvrirez ils ouvriront
㉚ **partir** partant parti	je pars tu pars il part n. partons v. partez ils partent	je partais tu partais il partait n. partions v. partiez ils partaient	je partis tu partis il partit n. partîmes v. partîtes ils partirent	je partirai tu partiras il partira n. partirons v. partirez ils partiront
㉛ **payer** payant payé	je paie [pɛ] tu paies il paie n. payons v. payez ils paient ------------------- je paye [pɛj] tu payes il paye n. payons v. payez ils payent	je payais tu payais il payait n. payions v. payiez ils payaient	je payai tu payas il paya n. payâmes v. payâtes ils payèrent	je paierai tu paieras il paiera n. paierons v. paierez ils paieront ------------------- je payerai tu payeras il payera n. payerons v. payerez ils payeront
㉜ **placer** plaçant placé	je place tu places il place n. plaçons v. placez ils placent	je plaçais tu plaçais il plaçait n. placions v. placiez ils plaçaient	je plaçai tu plaças il plaça n. plaçâmes v. plaçâtes ils placèrent	je placerai tu placeras il placera n. placerons v. placerez ils placeront
㉝ **plaire** plaisant plu	je plais tu plais il plaît n. plaisons v. plaisez ils plaisent	je plaisais tu plaisais il plaisait n. plaisions v. plaisiez ils plaisaient	je plus tu plus il plut n. plûmes v. plûtes ils plurent	je plairai tu plairas il plaira n. plairons v. plairez ils plairont
㉞ **pleuvoir** pleuvant plu	il pleut	il pleuvait	il plut	il pleuvra

条 件 法	接 続 法		命 令 法	同 型
現　　在	現　　在	半 過 去		
je naîtrais tu naîtrais il naîtrait n. naîtrions v. naîtriez ils naîtraient	je naisse tu naisses il naisse n. naissions v. naissiez ils naissent	je naquisse tu naquisses il naquît n. naquissions v. naquissiez ils naquissent	nais naissons naissez	
j' ouvrirais tu ouvrirais il ouvrirait n. ouvririons v. ouvririez ils ouvriraient	j' ouvre tu ouvres il ouvre n. ouvrions v. ouvriez ils ouvrent	j' ouvrisse tu ouvrisses il ouvrît n. ouvrissions v. ouvrissiez ils ouvrissent	ouvre ouvrons ouvrez	couvrir découvrir offrir souffrir
je partirais tu partirais il partirait n. partirions v. partiriez ils partiraient	je parte tu partes il parte n. partions v. partiez ils partent	je partisse tu partisses il partît n. partissions v. partissiez ils partissent	pars partons partez	dormir ressortir sentir servir sortir
je paierais tu paierais il paierait n. paierions v. paieriez ils paieraient	je paie tu paies il paie n. payions v. payiez ils paient	je payasse tu payasses il payât n. payassions v. payassiez ils payassent	paie payons payez	effrayer essayer
je payerais tu payerais il payerait n. payerions v. payeriez ils payeraient	je paye tu payes il paye n. payions v. payiez ils payent		paye payons payez	
je placerais tu placerais il placerait n. placerions v. placeriez ils placeraient	je place tu places il place n. placions v. placiez ils placent	je plaçasse tu plaçasses il plaçât n. plaçassions v. plaçassiez ils plaçassent	place plaçons placez	annoncer avancer commencer forcer lancer prononcer
je plairais tu plairais il plairait n. plairions v. plairiez ils plairaient	je plaise tu plaises il plaise n. plaisions v. plaisiez ils plaisent	je plusse tu plusses il plût n. plussions v. plussiez ils plussent	plais plaisons plaisez	complaire déplaire (se) taire 注 過去分詞 plu は不変
il pleuvrait	il pleuve	il plût		

不定法 現在分詞 過去分詞	直　　説　　法			
	現　在	半過去	単純過去	単純未来
㉟ **pouvoir** pouvant pu	je peux (puis) tu peux il peut n. pouvons v. pouvez ils peuvent	je pouvais tu pouvais il pouvait n. pouvions v. pouviez ils pouvaient	je pus tu pus il put n. pûmes v. pûtes ils purent	je pourrai tu pourras il pourra n. pourrons v. pourrez ils pourront
㊱ **préférer** préférant préféré	je préfère tu préfères il préfère n. préférons v. préférez ils préfèrent	je préférais tu préférais il préférait n. préférions v. préfériez ils préféraient	je préférai tu préféras il préféra n. préférâmes v. préférâtes ils préférèrent	je préférerai tu préféreras il préférera n. préférerons v. préférerez ils préféreront
㊲ **prendre** prenant pris	je prends tu prends il prend n. prenons v. prenez ils prennent	je prenais tu prenais il prenait n. prenions v. preniez ils prenaient	je pris tu pris il prit n. prîmes v. prîtes ils prirent	je prendrai tu prendras il prendra n. prendrons v. prendrez ils prendront
㊳ **recevoir** recevant reçu	je reçois tu reçois il reçoit n. recevons v. recevez ils reçoivent	je recevais tu recevais il recevait n. recevions v. receviez ils recevaient	je reçus tu reçus il reçut n. reçûmes v. reçûtes ils reçurent	je recevrai tu recevras il recevra n. recevrons v. recevrez ils recevront
㊴ **rendre** rendant rendu	je rends tu rends il rend n. rendons v. rendez ils rendent	je rendais tu rendais il rendait n. rendions v. rendiez ils rendaient	je rendis tu rendis il rendit n. rendîmes v. rendîtes ils rendirent	je rendrai tu rendras il rendra n. rendrons v. rendrez ils rendront
㊵ **résoudre** résolvant résolu	je résous tu résous il résout n. résolvons v. résolvez ils résolvent	je résolvais tu résolvais il résolvait n. résolvions v. résolviez ils résolvaient	je résolus tu résolus il résolut n. résolûmes v. résolûtes ils résolurent	je résoudrai tu résoudras il résoudra n. résoudrons v. résoudrez ils résoudront
㊶ **rire** riant ri	je ris tu ris il rit n. rions v. riez ils rient	je riais tu riais il riait n. riions v. riiez ils riaient	je ris tu ris il rit n. rîmes v. rîtes ils rirent	je rirai tu riras il rira n. rirons v. rirez ils riront
㊷ **savoir** sachant su	je sais tu sais il sait n. savons v. savez ils savent	je savais tu savais il savait n. savions v. saviez ils savaient	je sus tu sus il sut n. sûmes v. sûtes ils surent	je saurai tu sauras il saura n. saurons v. saurez ils sauront

条 件 法	接 続 法		命 令 法	同 型
現 在	現 在	半 過 去		
je pourrais tu pourrais il pourrait n. pourrions v. pourriez ils pourraient	je puisse tu puisses il puisse n. puissions v. puissiez ils puissent	je pusse tu pusses il pût n. pussions v. pussiez ils pussent		
je préférerais tu préférerais il préférerait n. préférerions v. préféreriez ils préféreraient	je préfère tu préfères il préfère n. préférions v. préfériez ils préfèrent	je préférasse tu préférasses il préférât n. préférassions v. préférassiez ils préférassent	préfère préférons préférez	céder considérer espérer pénétrer posséder répéter
je prendrais tu prendrais il prendrait n. prendrions v. prendriez ils prendraient	je prenne tu prennes il prenne n. prenions v. preniez ils prennent	je prisse tu prisses il prît n. prissions v. prissiez ils prissent	prends prenons prenez	apprendre comprendre entreprendre reprendre surprendre
je recevrais tu recevrais il recevrait n. recevrions v. recevriez ils recevraient	je reçoive tu reçoives il reçoive n. recevions v. receviez ils reçoivent	je reçusse tu reçusses il reçût n. reçussions v. reçussiez ils reçussent	reçois recevons recevez	apercevoir concevoir décevoir
je rendrais tu rendrais il rendrait n. rendrions v. rendriez ils rendraient	je rende tu rendes il rende n. rendions v. rendiez ils rendent	je rendisse tu rendisses il rendît n. rendissions v. rendissiez ils rendissent	rends rendons rendez	attendre descendre entendre perdre répondre vendre
je résoudrais tu résoudrais il résoudrait n. résoudrions v. résoudriez ils résoudraient	je résolve tu résolves il résolve n. résolvions v. résolviez ils résolvent	je résolusse tu résolusses il résolût n. résolussions v. résolussiez ils résolussent	résous résolvons résolvez	
je rirais tu rirais il rirait n. ririons v. ririez ils riraient	je rie tu ries il rie n. riions v. riiez ils rient	je risse tu risses il rît n. rissions v. rissiez ils rissent	ris rions riez	sourire 注 過去分詞 ri は不変
je saurais tu saurais il saurait n. saurions v. sauriez ils sauraient	je sache tu saches il sache n. sachions v. sachiez ils sachent	je susse tu susses il sût n. sussions v. sussiez ils sussent	sache sachons sachez	

不定法 現在分詞 過去分詞	直　　説　　法			
	現　　在	半　過　去	単純過去	単純未来
㊸ **suffire** suffisant suffi	je suffis tu suffis il suffit n. suffisons v. suffisez ils suffisent	je suffisais tu suffisais il suffisait n. suffisions v. suffisiez ils suffisaient	je suffis tu suffis il suffit n. suffîmes v. suffîtes ils suffirent	je suffirai tu suffiras il suffira n. suffirons v. suffirez ils suffiront
㊹ **suivre** suivant suivi	je suis tu suis il suit n. suivons v. suivez ils suivent	je suivais tu suivais il suivait n. suivions v. suiviez ils suivaient	je suivis tu suivis il suivit n. suivîmes v. suivîtes ils suivirent	je suivrai tu suivras il suivra n. suivrons v. suivrez ils suivront
㊺ **vaincre** vainquant vaincu	je vaincs tu vaincs il vainc n. vainquons v. vainquez ils vainquent	je vainquais tu vainquais il vainquait n. vainquions v. vainquiez ils vainquaient	je vainquis tu vainquis il vainquit n. vainquîmes v. vainquîtes ils vainquirent	je vaincrai tu vaincras il vaincra n. vaincrons v. vaincrez ils vaincront
㊻ **valoir** valant valu	je vaux tu vaux il vaut n. valons v. valez ils valent	je valais tu valais il valait n. valions v. valiez ils valaient	je valus tu valus il valut n. valûmes v. valûtes ils valurent	je vaudrai tu vaudras il vaudra n. vaudrons v. vaudrez ils vaudront
㊼ **venir** venant venu	je viens tu viens il vient n. venons v. venez ils viennent	je venais tu venais il venait n. venions v. veniez ils venaient	je vins tu vins il vint n. vînmes v. vîntes ils vinrent	je viendrai tu viendras il viendra n. viendrons v. viendrez ils viendront
㊽ **vivre** vivant vécu	je vis tu vis il vit n. vivons v. vivez ils vivent	je vivais tu vivais il vivait n. vivions v. viviez ils vivaient	je vécus tu vécus il vécut n. vécûmes v. vécûtes ils vécurent	je vivrai tu vivras il vivra n. vivrons v. vivrez ils vivront
㊾ **voir** voyant vu	je vois tu vois il voit n. voyons v. voyez ils voient	je voyais tu voyais il voyait n. voyions v. voyiez ils voyaient	je vis tu vis il vit n. vîmes v. vîtes ils virent	je verrai tu verras il verra n. verrons v. verrez ils verront
㊿ **vouloir** voulant voulu	je veux tu veux il veut n. voulons v. voulez ils veulent	je voulais tu voulais il voulait n. voulions v. vouliez ils voulaient	je voulus tu voulus il voulut n. voulûmes v. voulûtes ils voulurent	je voudrai tu voudras il voudra n. voudrons v. voudrez ils voudront

条　件　法	接　続　法		命　令　法	同　型
現　　在	現　　在	半　過　去		
je suffirais tu suffirais il suffirait n. suffirions v. suffiriez ils suffiraient	je suffise tu suffises il suffise n. suffisions v. suffisiez ils suffisent	je suffisse tu suffisses il suffît n. suffissions v. suffissiez ils suffissent	suffis suffisons suffisez	注　過去分詞 suffi は不変
je suivrais tu suivrais il suivrait n. suivrions v. suivriez ils suivraient	je suive tu suives il suive n. suivions v. suiviez ils suivent	je suivisse tu suivisses il suivît n. suivissions v. suivissiez ils suivissent	suis suivons suivez	poursuivre
je vaincrais tu vaincrais il vaincrait n. vaincrions v. vaincriez ils vaincraient	je vainque tu vainques il vainque n. vainquions v. vainquiez ils vainquent	je vainquisse tu vainquisses il vainquît n. vainquissions v. vainquissiez ils vainquissent	vaincs vainquons vainquez	convaincre
je vaudrais tu vaudrais il vaudrait n. vaudrions v. vaudriez ils vaudraient	je vaille tu vailles il vaille n. valions v. valiez ils vaillent	je valusse tu valusses il valût n. valussions v. valussiez ils valussent		
je viendrais tu viendrais il viendrait n. viendrions v. viendriez ils viendraient	je vienne tu viennes il vienne n. venions v. veniez ils viennent	je vinsse tu vinsses il vînt n. vinssions v. vinssiez ils vinssent	viens venons venez	appartenir devenir obtenir revenir (se) souvenir tenir
je vivrais tu vivrais il vivrait n. vivrions v. vivriez ils vivraient	je vive tu vives il vive n. vivions v. viviez ils vivent	je vécusse tu vécusses il vécût n. vécussions v. vécussiez ils vécussent	vis vivons vivez	survivre
je verrais tu verrais il verrait n. verrions v. verriez ils verraient	je voie tu voies il voie n. voyions v. voyiez ils voient	je visse tu visses il vît n. vissions v. vissiez ils vissent	vois voyons voyez	entrevoir revoir
je voudrais tu voudrais il voudrait n. voudrions v. voudriez ils voudraient	je veuille tu veuilles il veuille n. voulions v. vouliez ils veuillent	je voulusse tu voulusses il voulût n. voulussions v. voulussiez ils voulussent	veuille veuillons veuillez	

◆ 動詞変化に関する注意

不定法
-er
-ir
-re
-oir

現在分詞
-ant

		直説法現在		直・半過去	直・単純未来	条・現在
je	-e	-s	-ais	-rai	-rais
tu	-es	-s	-ais	-ras	-rais
il	-e	-t	-ait	-ra	-rait
nous	-ons		-ions	-rons	-rions
vous	-ez		-iez	-rez	-riez
ils	-ent		-aient	-ront	-raient

	直・単純過去			接・現在	接・半過去	命 令 法	
je	-ai	-is	-us	-e	-sse		
tu	-as	-is	-us	-es	-sses	-e	-s
il	-a	-it	-ut	-e	-ît		
nous	-âmes	-îmes	-ûmes	-ions	-ssions	-ons	
vous	-âtes	-îtes	-ûtes	-iez	-ssiez	-ez	
ils	-èrent	-irent	-urent	-ent	-ssent		

〔複合時制〕

直 説 法	条 件 法
複合過去（助動詞の直・現在＋過去分詞）	過　去（助動詞の条・現在＋過去分詞）
大 過 去（助動詞の直・半過去＋過去分詞）	接 続 法
前 過 去（助動詞の直・単純過去＋過去分詞）	過　去（助動詞の接・現在＋過去分詞）
前 未 来（助動詞の直・単純未来＋過去分詞）	大過去（助動詞の接・半過去＋過去分詞）

* **現在分詞**は，通常，直説法・現在1人称複数の語尾 -ons を -ant に変えて作ることができる．(nous connaissons → connaissant)
* **直説法・半過去**の1人称単数は，通常，直説法・現在1人称複数の語尾 -ons を -ais に変えて作ることができる．(nous buvons → je buvais)
* **直説法・単純未来**と**条件法・現在**は，通常，不定法から作ることができる．
  (単純未来: aimer → j'aimerai　finir → je finirai　écrire → j'écrirai)
  ただし，-oir 型動詞の語幹は不規則．(pouvoir → je pourrai　savoir → je saurai)
* **接続法・現在**の1人称単数は，通常，直説法・現在3人称複数の語尾 -ent を -e に変えて作ることができる．(ils finissent → je finisse)
* **命令法**は，直説法・現在の2人称単数，1人称複数，2人称複数から，それぞれの主語 tu, nous, vous を取って作ることができる．(ただし，tu -es → -e　tu vas → va)
  avoir, être, savoir, vouloir の命令法は接続法・現在から作る．